메추동행일기

예수동행일기

예수동행일기 시리즈 ❸

유기성 지음

하드리지스

서문

예수님과 행복한 동행을 갈망하는 여러분을 진심으로 축복합니다.

예수동행운동을 처음 시작할 때는 이만큼 사역이 확산되리라고 생각하지 못했습니다. 주님께서 친히 이 사역을 이끌어 가시는 것을 느낍니다.

교인 한 분이 "목사님, 우리에게 예수동행일기를 쓰게 하시는 목적이 무엇인가요?" 하고 물어왔습니다. 예수동행일기를 쓰게 하는 목적은 한 가지입니다. 복음서와 서신서에 나오는 대로 사도들과 초대교회 성도들이 누렸던 예수 그리스도와 친밀한 동행의 삶을 우리도 회복하는 것입니다.

많은 그리스도인이 일상에서 예수님과 친밀하고 인격적인 관계를 맺지 못하고 살아갑니다. 저도 목사의 아들로 태어나 목사가 되었지만, 어려서부터 예수님에 대해서만 배웠지 예수님과 친밀히 동행하는 훈련을 받은 적이 없습니다.

예수동행일기는 자신의 마음과 생각이 항상 예수님을 바라보고 있는지를 점검하는 일기입니다. 이것을 통해 24시간 예수님을 바라보도록 훈련하는 것입니다. 우리가 24시간 예수님을 바라보게 될 때, 예배나 기

도 시간뿐만 아니라, 가정에서도, 직장에서 일할 때에도, 길을 걸을 때에도, 주님을 친밀히 경험하고 주님과 동행하게 됩니다.

예수동행일기 훈련 과정은 〈텍스트북〉과 〈온라인 강의 영상〉으로 구성되어 있습니다. 매일 텍스트북과 영상을 보고 묵상 질문에 답을 해보기 바랍니다. 이 과정을 통해 실제로 예수님과 친밀히 동행하며 살아가는 경험을 하게 될 것입니다.

주님과 친밀한 동행의 기쁨을 누리는 소중한 시간이 되기를 주님의 이름으로 축복합니다.

이 책에 대해

1. 이 책의 특징

1) 예수님과 동행은 일평생 지속되어야 할 '삶'입니다

이 책은 유기성 목사가 쓴 제자훈련 교재《예수님의 사람》의 '실천편'에 해당합니다.《예수님의 사람》제자훈련은 예수 그리스도와 내가 한 몸인 것과 예수님이 내 안에 계신 것을 명확하게 알게 해줍니다.《예수동행일기》는 예수님이 나와 함께하시는 것을 알게 된 후 그분과 어떻게 친밀히 동행하며 살아갈 수 있는지를 안내해줍니다. 그렇기 때문에 이 두 훈련은 연속성을 갖고 있습니다.

예수님과 인격적인 관계를 맺고 동행하는 삶에 대한 눈이 열리는 것만으로도 우리 삶에는 놀라운 변화가 일어납니다. 그러나 예수님을 바라보고 그분과 동행하는 것은 단 한 번의 체험으로 이루어지는 것이 아니라 일평생 지속되어야 할 '삶'입니다.

2) '예수동행일기'는 예수님과 동행하는 삶을 훈련하는 가장 탁월한 도구입니다

예수님을 바라보는 삶을 지속적으로 살기 위해서는 훈련이 필요합니다. 예수동행일기는 "우는 사자와 같이 두루 다니며 삼킬 자를 찾는" 사탄과 우리를 미혹하려는 세상으로부터 우리 마음을 지키고 24시간 예수님과 동행하는 삶을 훈련하는 가장 탁월한 도구입니다.

예수동행일기를 쓰면 하루 동안 내가 얼마나 예수님을 바라보고 사는지 그 실체를 알게 됩니다. 처음에는 주님을 의식하고 살지 못했다는 좌절을 겪을 수도 있지만, 예수동행일기를 지속적으로 쓰면 주님을 점점 더 의식하고 바라보는 단계로 나아갈 수 있습니다.

본 교재는 예수동행일기라는 도구를 통하여 예수님과 친밀하게 교제하며 '나는 죽고 예수로 사는 삶'을 살도록 방향을 제시해 줄 것입니다.

2. 이 책의 구성

1) 매일 영상과 글로 만나는 핵심 내용

매일 아침 10분 정도 책과 강의 영상을 함께 보고, 묵상 질문에 따라 묵상합니다.

강의를 통해 그룹으로 훈련할 수도 있고, 각 개인이 혼자서도 훈련할 수 있도록 이해하기 쉽게 구성해 놓았습니다.

2) 한 주간을 점검하는 〈리딩 데이〉

예수동행일기를 쓰는 데 실제적인 도움을 주기 위해 매 주차마다 '믿음의 선진 일기'와 '성도의 예수동행일기' 샘플 2편을 실었습니다. 샘플 일기와 자신이 쓴 예수동행일기를 비교해 보면, 예수동행일기를 쓰는 데 큰 도움을 받을 수 있습니다.

또한 지난 일주일간 쓴 자신의 일기를 다시 읽으며 주님과 동행했던 순간을 찾아 적어보는 시간을 가지며 지난 한 주간을 점검해봅니다.

3) 공동체와 깊이 교제하며 나누는 〈나눔방 모임〉

매 주차의 핵심 내용을 나눔의 주제로 제시해 놓았습니다. 각 질문에 대한 깊은 묵상과 먼저 마음을 여는 나눔도 필요합니다. 공동체와 함께 나눔을 하면서 자연스럽게 깊은 영적 교제가 이루어집니다.

3. 이 책의 활용

1) 목회자, 리더: '예수동행일기 훈련과정'의 교재로 활용하십시오

이 책은 영성훈련 소그룹 모임의 교재로 활용할 수 있습니다. 특히 《예수님의 사람》 제자훈련을 진행하고 있는 교회라면, 제자훈련을 마친 분들을 대상으로 본 교재를 활용하여 '예수동행일기 훈련'을 실시할 수 있습니다.

매일 1과씩 스스로 학습하도록 하고, 1주에 1회 〈나눔방 모임〉을 활용해 나눔방 소그룹으로 모여 충분히 나누고 교제하는 방식이 효과적입니다. (온라인의 경우, 화상회의 플랫폼으로 진행할 수 있습니다.)

2) 공동체원: 개설된 '예수동행일기 훈련과정'에 참여하십시오

혼자서는 힘든 것도 함께하면 쉽게 이룰 수 있습니다. 교회에 '예수동행일기 훈련'이 개설되어 있다면 참석하십시오. 공동체와 함께 훈련받으며 교제하는 가운데 놀라운 큰 영적 성장을 이룰 것입니다.

3) 개인: 개인 훈련의 교재로 활용하십시오

공동체를 통해 '예수동행일기 훈련'을 받을 수 없는 상황이라면, 이 책으

로 혼자 예수동행일기 쓰기를 훈련할 수 있습니다.

매일 1과씩 온라인 강의 영상과 교재를 통해 중심 내용을 익히고 '묵상 질문'과 '리딩 데이'를 통해 예수동행일기 쓰기 훈련을 할 수 있습니다.

4) 모두: 나눔방과 스마트폰 애플리케이션을 적극적으로 활용하십시오

'예수동행일기 앱'과 '사이트(www.jwj.kr)'를 활용할 수 있습니다. 공동체 또는 마음에 맞는 사람들과 함께 인터넷상의 '나눔방'을 개설하십시오. 아침에는 영상과 책을 통해 묵상을 하고, 하루 동안 예수님과 동행한 내용을 예수동행일기로 기록합니다. 그리고 나눔방 안에서 다른 분들의 예수동행일기를 읽고 아멘과 댓글로 서로 교제할 수 있습니다.

이 책의 진행 가이드

| 온라인을 활용한 개인 훈련 |

*예수동행일기 온라인 개인 훈련은 6주 과정으로 구성되어 있습니다.

<예수동행일기 개인 훈련 진행 과정>

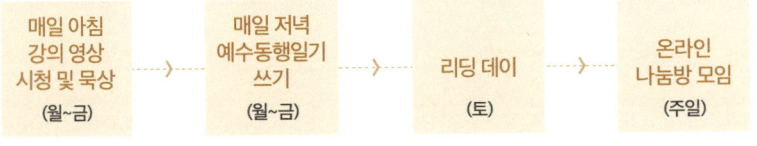

1. 훈련 방법

- 매일 아침 예수동행일기 강의 영상을 시청하고 교재의 내용을 묵상합니다(월~금).
- 예수동행일기 앱과 나눔방에 가입합니다.

  *나눔방 가입이 필요한 경우: 앱/웹 로그인 ⋯▶ 나눔방 ⋯▶ 나눔방 도움신청 클릭
- 하루 동안 예수님과 동행한 내용을 저녁에 예수동행일기로 기록합니다(월~금).
- 훈련은 총 6주간 진행됩니다(일주일에 5과씩 진행되며 총 30과입니다).
- 매주 토요일은 '믿음의 선진 일기'와 '성도의 예수동행일기' 샘플 2편을 읽고, 지난 5일간 쓴 자신의 예수동행일기를 다시 읽어보는 시간을 갖습니다(리딩 데이).

- 매주 주일은 나눔방에서 다른 분의 일기를 읽고 댓글로 섬깁니다(온라인 나눔방 모임).

2. 훈련 준비

- 강의교재: 《예수동행일기》
- PC 또는 스마트폰

3. 기타 사항

- QR코드를 이용한 예수동행일기 앱 설명.
- QR코드를 이용한 질의응답.

| 소그룹 훈련 |

*예수동행일기 공동체 훈련은 8주 과정으로 구성되어 있습니다.

<예수동행일기 공동체 훈련 진행 과정>

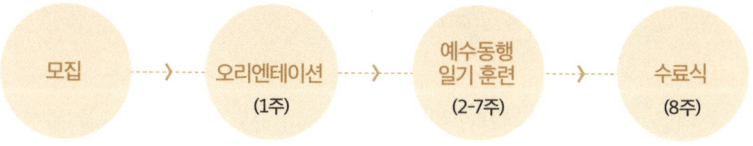

1. 모집

- 모집 광고를 통해 훈련생을 모집합니다.
- 예수동행일기 훈련에 대한 일정, 모집 인원, 등록비 등을 안내합니다.

- 여러 개의 나눔방을 운영할 경우, 나눔방 모임을 인도할 방장을 미리 선발합니다.
- 훈련생 모집이 마무리되면 성별, 나이를 고려하여 나눔방 편성을 합니다. 한 나눔방당 5~7명 내외가 적당합니다.
- 먼저 예수동행일기 사이트에 나눔방을 개설합니다.

2. 오리엔테이션(1주차)

- 예수동행일기에 대한 동기부여를 합니다.
- 예수동행일기 교재 활용법에 대해 설명합니다.
- 개인별로 예수동행일기 앱과 나눔방에 가입하도록 안내합니다.
- 방원들을 서로 확인하고 훈련에 참여한 동기 및 기대를 나눕니다.
- 예수동행일기 훈련 결단서를 작성합니다.

3. 예수동행일기 훈련(2~7주차: 6주간)

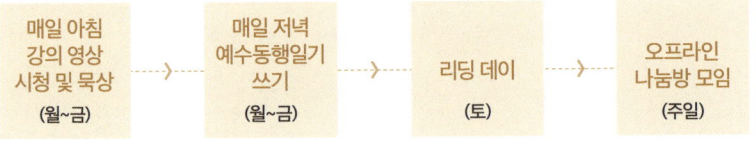

- 매일 아침 예수동행일기 강의 영상을 시청하고 교재의 내용을 묵상합니다(월~금).
- 하루 동안 예수님과 동행한 내용을 저녁에 예수동행일기로 기록합니다(월~금).
- 훈련은 총 6주간(일주일에 5과씩 총 30과) 진행됩니다.

- 매주 토요일은 '믿음의 선진 일기'와 '성도의 예수동행일기' 샘플 2편을 읽고, 지난 5일간 쓴 자신의 예수동행일기를 다시 읽어보는 시간을 갖습니다(리딩 데이).
- 매주 주일은 소그룹 모임에서 주제 나눔을 갖습니다(나눔방 모임).

4. 수료식과 위드 지저스 데이(8주차)

- 수료식 전에 예수동행일기 훈련을 통해 받은 은혜를 간증문으로 작성하도록 안내합니다.
- 작성한 간증문을 방원들과 함께 나눕니다.
- 대표로 1~2명이 간증하도록 합니다.
- 성실하게 예수동행일기를 쓴 분들을 위해 시상하는 시간을 갖습니다.
- 예수님과 동행하는 삶을 지속하도록 다시 한번 결단하게 하는 시간이 되도록 합니다.

5. 훈련생 수료 기준

- 훈련생들의 수료 조건을 미리 알립니다.
- 매주 오프라인 모임에 꼭 참석해야 합니다.
- 예수동행일기를 주 3~5회 이상 써야 합니다(소그룹 상황에 따라 결정).

6. 훈련 준비

- 강의교재:《예수동행일기》
- PC 또는 스마트폰

7. 기타 사항

- QR코드를 이용한 예수동행일기 앱 설명.

- QR코드를 이용한 질의응답.

8. 예수동행일기 훈련 시 주의 사항

- 리더로 섬기는 나눔방 방장의 안내에 잘 따라 주십시오.

- 나눔방에서는 예의를 꼭 지켜주십시오.

- 모든 영상 강의가 중요하지만 오프라인 모임의 나눔이 훈련의 핵심입니다.

- 예수동행일기 앱에 가입하지 않은 분들은 먼저 앱에 가입해 주십시오.

9. 나눔방 방장의 역할

- 방장은 영성훈련의 동반자이며 안내자입니다.

- 방장의 섬김과 헌신에 따라 나눔방의 분위기가 달라집니다.

- 방장은 '사랑', '경청', '인내', '자기 개방'을 훈련하는 과정입니다.

- 방장은 '아멘'과 '댓글', '일기 추천'의 섬김을 감당하게 됩니다.

- 인원이 많을 경우, 방장을 도울 댓글부장을 추가로 선정합니다.

| 진행 순서 |

<오리엔테이션>

순 서	시 간		내 용
찬양	10분	찬양 담당	찬양 인도 후 합심기도 인도
강의	20분	담당자	예수동행일기 개요강의
광고	10분	담당자	- 교재활용에 대한 안내 - 사이트 가입 및 나눔방 안내
나눔방별 나눔	40분	방장	- 자기소개 - 훈련에 참여하게 된 동기 및 기대
결단서 작성	5분	방장	결단서를 읽고 결단하는 시간
나눔방 가입	5분	방장	방장의 안내에 따라
기도	5분		

<수료식 & 위드 지저스 데이>

순 서	시 간		내 용
찬양	10분	찬양 담당	찬양 인도 후 합심기도 인도
나눔방별 간증모임	40분	방장	- 간증을 돌아가면서 나눈다. - 특별한 은혜가 있으면 나눈다.
대표간증	20분		미리 선정된 대표자가 간증
말씀	10분	담당자	
시상식 및 수료식	10분	방장	- 시상 내용이 없을 경우 생략 - 대표자에게 수료증을 전달 - 각 방장이 방원에게 수료증 전달
축복의 찬양	5분	담당자	
기도	5분		

《예수동행일기 훈련》 결단서

1. 나는 훈련이 진행되는 동안 예수동행일기를 성실히 쓰 겠습니다.

2. 나는 불가피한 상황을 제외하고는 예수동행일기 훈련 에 결석하지 않겠습니다.

3. 나는 열린 마음과 진솔한 태도로 예수동행일기 나눔에 적극적으로 참여하겠습니다.

4. 나는 나눔방을 통해 알게 된 회원들의 개인적인 이야기 를 다른 사람에게 절대 말하지 않겠습니다.

5. 나는 나눔방에서 인내하는 마음과 배려하는 태도를 잃 지 않겠습니다.

6. 나는 훈련기간 동안 훈련과 나눔방 방원들을 위해 규 칙적으로 기도하겠습니다.

위의 내용을 충분히 숙지하고
책임과 성실로 훈련받을 것을 결단합니다.

20 년   월   일

이름 및 직분 :   서 명 :

차 례

서문 _4
이 책에 대해 _6
이 책의 진행 가이드 _10

1주차 ───────

1일 예수님과 친밀한 관계에 눈뜨기 _22
2일 예수동행일기는 주님 바라보기 _26
3일 예수동행일기의 유익 _30
4일 예수님께서 마음에 임하셨음을
　　믿는가? _34
5일 예수님께서 우리 마음에 임하신 목적
　　_37

리딩 데이 _40
나눔방 모임 _45
예수동행일기 앱 설명 ① _48
예수동행일기 Q&A _49

2주차 ───────

6일 일상에서 예수님과 동행하는
　　훈련하기 _52
7일 24시간 예수님을 바라보는 삶 _56
8일 24시간 예수님과 함께하는
　　믿음의 실험 _60
9일 예수님과 함께하는 예수동행일기
　　_64
10일 예수님 안에 거하기 _68

리딩 데이 _72
나눔방 모임 _77
예수동행일기 앱 설명 ② _81
예수동행일기 Q&A _82

3주차

11일 예수동행일기를 쓰면서 변화를
　　　경험하기 _84
12일 중요한 마음 지키기 _88
13일 내 마음의 상태는? _92
14일 마음을 열면 마음이 지켜진다 _96
15일 나눔방 _100

리딩 데이 _104
나눔방 모임 _109
예수동행일기 앱 설명 ③ _112
예수동행일기 Q&A _113

4주차

16일 나를 주저하게 하는 여러 가지
　　　질문들 _116
17일 나눔방의 유익 _120
18일 성령의 열매를 맺는 예수님과
　　　동행 _124
19일 예수님과 동행하는 삶에
　　　일어나는 변화 1 _128
20일 예수님과 동행하는 삶에
　　　일어나는 변화 2 _131

리딩 데이 _134
나눔방 모임 _140
예수동행일기 앱 설명 ④ _142
예수동행일기 Q&A _143

5주차

21일 치열한 영적전쟁 _146
22일 하나님의 전신 갑주 입기 1 _150
23일 하나님의 전신 갑주 입기 2 _154
24일 말씀 안에서 주님 바라보기 _159
25일 말씀이 기준이 되는 삶 _163

리딩 데이 _167
나눔방 모임 _172
예수동행일기 앱 설명 ⑤ _174
예수동행일기 Q&A _175

6주차

26일 질그릇에 보배를 담은 존재 _178
27일 주님과 친밀함을 연습하기 _182
28일 실패할 때가 주님을 바라볼 때 _185
29일 죄와 실패를 이기게 하는 능력 _188
30일 주님과의 친밀함은 약속된 은혜
　　　_192

리딩 데이 _196
나눔방 모임 _203
예수동행일기 앱 설명 ⑥ _206

예수님과 행복한 동행

1주차 / Week 1

| Day 1 | 예수님과 친밀한 관계에 눈뜨기
| Day 2 | 예수동행일기는 주님 바라보기
| Day 3 | 예수동행일기의 유익
| Day 4 | 예수님께서 마음에 임하셨음을 믿는가?
| Day 5 | 예수님께서 우리 마음에 임하신 목적

리딩 데이 | 나눔방 모임
예수동행일기 앱 설명 ① | 예수동행일기 Q&A

동행일기 쓰기 WRITING　　동행일기 읽기 READING　　동행일기 나누기 SHARING

1일
예수님과 친밀한 관계에 눈뜨기

예레미야 선지자는 이스라엘의 두 가지 죄를 지적합니다.

내 백성이 두 가지 악을 행하였나니 곧 그들이 생수의 근원되는 나를 버린 것과

스스로 웅덩이를 판 것인데 그것은 그 물을 가두지 못할 터진 웅덩이들이니라

예레미야 2:13

이스라엘 백성들의 죄는 생수의 근원이신 하나님을 버린 것과 터진 웅덩이를 판 것입니다. 즉, 붙잡아야 할 하나님은 버리고, 붙잡지 말아야 할 강대국을 붙잡았다는 것입니다. 이것이 또한 지금 우리의 영적 상태입니다. 생수의 근원이신 주님을 버렸습니다. 그 대신 돈과 사람과 성공을 좇고, 목회자는 교회 성장이라는 터진 웅덩이를 파고 있습니다.

예수님이 생수의 근원이십니까?

이 질문에 대답하려면 '예수님 한분만으로 행복한가?'를 먼저 질문해

봐야 합니다. 많은 목회자와 성도가 예수님을 믿으면서도 깊은 실의에 빠져있습니다. 아무리 애써도 교회는 부흥되지 않고, 재정과 사역, 건강과 가정 등 모든 부분에서 좌절을 겪고 있습니다.

무엇이 문제입니까? 환경과 사람입니까?

아닙니다. 예수님과의 관계가 문제입니다. 한국 교회와 성도들의 문제는 삶이 변하지 않는 것이라고 말합니다. 이 점에 대해 이의를 제기하는 사람은 없을 것입니다. 많은 성도가 예수님에 대한 지식과 열심이 있지만, 주님과 친밀히 동행하는 것은 잘 알지 못합니다. 바로 이것이 우리의 삶이 변하지 않는 결정적인 이유입니다.

그렇다면 어떻게 우리의 삶이 변할 수 있습니까? 성령께서 지금 우리에게 물으십니다.

'네 안에 사는 이가 누구냐?'

많은 그리스도인이 모였을 때, 예수님에 관해 말하는 것은 매우 드문일입니다. 우리의 문제는 '예수 그리스도께서 우리 안에 계신다.'는 복음은 알지만, 임마누엘이신 예수님을 인격적으로는 알지 못하는 것입니다.

그동안 한국 교회는 성도들에게 죄에 대한 회개, 속죄에 대한 확신, 의롭다함을 얻은 은혜만을 가르치는 것에 집중했습니다. 예수 그리스도 안에 거하는 것, 예수님과 연합하는 것, 매 순간 그분의 임재와 돌보심을 경험하는 것에 대하여는 거의 가르치지 않았습니다.

초대교회는 지금과 같은 성경도 없었고, 예배당, 신학교, 교회 조직, 정통 신앙이라는 것도 없었지만 놀라운 부흥이 있었습니다. 그 이유는 단하나 주님이 그들과 함께 계신 것에 대한 분명한 믿음을 가졌기 때문입니다.

아이가 태어나면서 자기와 함께 있는 아빠와 엄마를 먼저 만나고, 성장하면서 부모의 성품을 알게 되는 것처럼 예수님을 믿는 것도 마찬가지입니다. 구원의 교리를 배우기 전에 먼저 '주님이 나를 구원하셨고, 지금 나와 함께 계신다.'는 것을 알고, 그다음 주님이 어떤 분이신지에 대해 배워가야 하는 것입니다.

예수동행일기의 초점은 예수님과의 친밀한 동행입니다. 눈에 보이지 않고 귀에 들리지 않지만 지금 나와 함께하시고 말씀하시는 그분에게만 초점을 맞추는 것입니다.

1일 동영상 강의
qrs.ly/h2bqo10
예수동행일기 쓰기 www.jwj.kr

묵상 질문

Q. 예수님과 친밀함을 느낀 경험이 있다면 적어보십시오.

동행일기 쓰기 WRITING   동행일기 읽기 READING   동행일기 나누기 SHARING

2일
예수동행일기는 주님 바라보기

당신은 예수님을 믿은 지 얼마나 됩니까? 이 질문에 대하여는 쉽게 대답할 수 있을 것입니다. 그렇다면 예수님과 동행한 지는 얼마나 됩니까? 이 질문에 대하여는 아마도 대답하는데 어려움을 느끼는 사람이 많을 것입니다. 그래서 매일 주님과 동행하고 있는지 점검하며 살아야 하는 것입니다. 이것은 주님의 마지막 당부이고, 우리에게 주신 약속입니다.

내가 세상 끝날까지 너희와 항상 함께 있으리라 하시니라 **마태복음 28:20**

매일 예수동행일기를 쓰는 것은 이 약속이 실현된 삶을 살자는 것입니다. 예수동행일기의 실제적인 초점은 일기가 아니라 예수님과의 친밀한 동행입니다. 눈에 보이지 않고 귀에 들리지 않지만 지금 나와 함께하시고 말씀하시는 그분에게만 초점을 맞추는 것입니다.

믿음의 주요 또 온전하게 하시는 이인 예수를 바라보자 … 히브리서 12:2

NIV 성경에서는 "예수를 바라보자"를 "fixing our eyes on Jesus"라고 번역했습니다. 이 말씀에 기초해서 '24시간 예수님을 바라보자!'라고 했습니다. 예수동행일기는 24시간 주 예수님을 바라보고 산 하루의 삶을 기록하는 것입니다.

프랭크 루박(Frank Laubach) 선교사는 1884년 미국에서 태어나 필리핀 무슬림 마을에서 사역했던 분입니다. 그는 '하나님과 24시간 함께 하고 있다는 친밀함을 과연 느낄 수 있을까?'에 대해 갈등하다가 1930년 '나의 남은 인생을 이 질문에 대한 답을 찾는 실험으로 삼으리라!' 하는 결심을 하게 됩니다. 그는 매일 하나님을 얼마나 경험하고 사는지를 기록으로 남기기 위해 일기를 썼습니다. 그는 지속적으로 주님을 바라보며 산 6개월 동안의 삶을 기록으로 남겼습니다.

'주님과 친밀한 교제의 기쁨을 알고 싶은데 왜 안 될까?' 하는 고민이 저에게도 있었습니다. 생각해보니 주님을 바라보는 것이 고작 작심삼일 수준이었습니다. 얼마간은 주님을 바라보다가 어떤 일이 생겨 분주해지면 잊었다가 다시 바라보는 것의 반복이었습니다. 그런데 프랭크 루박 선교사의 글을 읽고 '그와 같이 살면 주님과 친밀한 교제의 눈이 열리겠구나.' 하는 믿음이 생겼습니다.

저는 예수님을 믿어도 사람은 안 변하는 줄 알았습니다. 그런데 24시간 주님을 바라보기 시작하면서 '사람은 변한다!'는 확신을 갖게 되었습니다. 그것은 다른 사람의 변화를 보고 믿게 된 것이 아니고, 제 자신의 변화를 보면서 믿게 되었습니다. 정말 놀라운 일이 아닐 수 없었습니다.

예수동행일기는 주님 바라보기

그래서 전 교인들에게 예수동행일기를 쓰도록 동기부여 했습니다.

'당신은 오늘 아침 일어났을 때, 예수님을 생각했습니까?'

'식사할 때, 예수님을 생각했습니까?'

예수동행일기란 잠자리에서 일어날 때부터 잠잘 때까지 예수님을 생각하며 살았는지를 기록하는 것입니다. 예수님을 잊고 지낸 시간과 예수님을 생각하며 지낸 시간이 언제인지를 기록합니다. 예수님께서 말씀을 주시고 역사하신 것이 있으면 기록합니다. 기록한 것은 5-7명의 나눔방을 만들어 함께 나누고 격려합니다.

우리는 자주 교회의 모든 예배에 참석할 것과, 말씀 묵상에 대한 권면을 받습니다. 매우 중요한 권면입니다. 그러나 더 중요한 것은 그 본질이 '예수님'이어야 한다는 것입니다.

우리에게 가장 심각한 것은 주님이 항상 함께하신다는 사실을 너무도 쉽게 망각하는 것입니다. 이것이 얼마나 두려운 일인지 알아야 합니다. 그래서 영적 침체에 빠지고 우울해 하고 좌절하며 죄에서 벗어나지 못하는 것입니다. 자신이 하나님을 잊어버리고 사는지 아닌지는 예수동행일기를 써보면 깨닫게 됩니다.

예수동행일기의 본질은 일기가 아니라 '24시간 주님을 바라보며 사는 것'입니다. 그 삶을 매일 점검하는 도구가 예수동행일기입니다.

 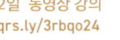

2일 동영상 강의
qrs.ly/3rbqo24
예수동행일기 쓰기 www.jwj.kr

묵상 질문

Q. 어제 예수님을 생각한 적이 있었는지를 적어보고, 만약 그렇지 못했다면 어
   떤 이유 때문인지 적어보십시오.

3일
예수동행일기의 유익

첫째, 예수동행일기는 사이버상의 새로운 영적 교제의 장입니다.

인터넷이 은혜를 나누는 도구로 사용되고 있습니다. 또한 사이버상에서 예수동행일기를 쓰고 함께 나누면서 놀라운 믿음의 공동체가 세워지고 있습니다. 특히 해외나 오지에 거주하는 선교사와 성도에게는 매우 유익한 도구입니다. 현실적인 여건에서는 도무지 매일 만나고 교제할 수 없는 사람들이 시간과 공간의 제약을 뛰어넘어 매일 친밀한 교제가 가능한 것입니다.

둘째, 예수동행일기는 은혜를 담아내는 그릇입니다.

예수동행일기는 개인기도나 Q.T, 성경읽기, 제자훈련 등과 같은 경건생활이나 신앙훈련을 대신하는 것이 아닙니다. 예수동행일기는 말씀을 통하여 받는 모든 은혜와 Q.T, 개인기도, 성경읽기, 제자훈련 등을 통하여 받은 은혜를 매일매일 담아내는 그릇입니다. 언제나 받은 은혜는 부

족함이 없는데, 우리가 영적으로 메말라 허덕이는 것은 부어 주시는 은혜를 담는 그릇이 없기 때문입니다. 마치 폭포 밑에서 쏟아지는 폭포수를 그릇도 없이 받으려는 것과 같습니다.

예수동행일기를 매일 쓰면 받은 은혜가 더 분명해지고 내 것이 됩니다. 그리고 자녀나 다음 세대에게 물려줄 놀라운 믿음의 유산이 됩니다.

다음 세대가 읽도록 주님께서 하신 일을 기록하여라. 아직 창조되지 않은 백성이, 그것을 읽고 주님을 찬양하도록 하여라. 시편 102:18, 새번역성경

예수동행일기가 사진과 다른 것은 은혜를 기록하는 것으로 그치지 않고, 매일 일기를 쓰면서 더 많은 은혜를 깨닫게 되고 주님과의 친밀함이 말할 수 없이 깊어지는 것입니다. 주님과 동행이 일상 속에 더 뚜렷해집니다. 주님이 희미하게 보이는 사람이 있고, 선명하게 보이는 사람도 있다는 뜻입니다. 주님을 가끔 바라보는 사람이 있고, 항상 바라보는 사람도 있습니다. 그것이 이 땅에서 천국의 삶을 사는 사람과 그렇지 못한 사람의 차이입니다.

셋째, 예수동행일기는 성도들이 은혜 안에 거하도록 서로를 도와주는 끈과 같은 역할을 합니다.

일기를 나눌 때 조심스러운 면도 있지만, 마음의 생각이 주님 앞에서 철저히 다스림을 받는 효과도 있습니다. 주님을 바라보는 일이 중단되지 않도록 나눔 공동체가 함께 도울 수 있습니다.

주님을 바라보라고 하면 성도들은 너무 막연하게 생각하는 것 같습니

다. 그 이유는 눈에 보이는 것만 바라보았지, 보이지 않는 주님을 바라보며 살지 않았기 때문입니다. 항상 함께하신다는 주님의 약속을 정말 믿는다면, 누구나 주님의 임재가 믿어지고 주님과 친밀히 동행하는 삶을 살게 될 것입니다.

예수동행일기는 몇 가지 규칙이 있습니다. '규칙'이라는 단어의 원어에는 '곧은 막대, 버팀목'이라는 의미가 있다고 합니다. 혼자 서지 못하는 식물도 버팀목을 세워주면 하늘을 향해 잘 자랄 수 있습니다. 예수동행일기에 약간의 규칙(매일 예수동행일기를 쓰는 것, 나눔방에 가입하여 교제하는 것, 나눔방에 일기를 공개하는 것, 예수님 바라보기와 말씀에 순종하기를 매일 점검하는 것 등)을 둔 것은 영적 성장의 틀을 제공하기 위해서입니다.

이 규칙 덕분에 주님을 향하여 오르고자 하는 사람은 더 높이 올라가고, 예수님과 더 친밀히 교제할 수 있을 것입니다.

오직 주님이 이끄시는 대로 나아가십시오. 예수님과 깊고 친밀한 교제의 은혜를 경험할 것입니다.

3일 동영상 강의
qrs.ly/4hbqo2d
예수동행일기 쓰기 **www.jwj.kr**

예수동행일기의 유익

33

O. 늘 주님께 받은 은혜를 적어보시오.

녹음 질문

WEEK 1

4일

예수님께서 마음에 임하셨음을 믿는가?

우리가 받은 복음은 너무 놀랍고 감격스러운 것입니다. 그런데 복음의 감격을 온전히 누리지 못하는 성도가 많은 까닭은 무엇입니까? 복음이라는 노래의 가사만 읽고 있기 때문입니다. 노래는 가사와 함께 곡조가 있어야 노래입니다.

복음도 그렇습니다. 복음의 가사는 복음의 내용인 성경의 진리입니다. 복음의 곡조는 복음 그 자체이신 예수 그리스도와의 친밀한 동행입니다.

예수 그리스도의 십자가 복음을 알고, 주 예수님과 인격적인 관계 가운데 친밀히 동행할 때, 비로소 복음은 살아 있는 감격이며 능력이 됩니다. 우리는 다 예수님을 압니다. 그러나 예수님과 친밀히 동행하는 시간에 따라 너무 다르게 예수님을 경험합니다. 예수님과 친밀히 동행해야합니다.

그런데 많은 성도가 '과연 예수님과 인격적인 교제를 나누고 예수님과 친밀히 동행할 수 있을까' 하고 질문합니다. 당연히 예수님과 친밀하게

동행할 수 있습니다. 이렇게 단언할 수 있는 것은 주 예수님께서 우리 마음에 임하셨기 때문입니다. 성경은 너무도 분명하게 주님이 우리 마음에 계신 증거를 말씀합니다.

첫째는 예수를 주라 시인하는 것입니다(고린도전서 12:3).

둘째는 하나님을 아버지라 부르는 것입니다(로마서 8:15-16).

셋째는 하나님의 은혜를 깨닫는 것입니다(고린도전서 2:12).

넷째는 우리가 서로 사랑하는 것입니다(요한일서 4:12-13).

다섯째는 마음에 성령의 책망을 느끼는 것입니다(에베소서 4:30).

여섯째는 마음에 하나님을 향한 소원이 생기는 것입니다(빌립보서 2:13).

일곱째는 우리가 복음을 전하게 되는 것입니다(사도행전 1:8).

주님의 임재를 느낌이나 체험만으로 알려고 해서는 안 됩니다. 말씀으로 주님의 임재를 확인하고 확신 가운데 나아가야 합니다.

'내 안에 거하시는 예수 그리스도!' 이보다 더 인격적이고 친밀한 관계가 어디 있습니까?

4일 동영상 강의
qrs.ly/krbqo2h

예수동행일기 쓰기 www.jwj.kr

오. 예수께서 나이가 자라가시매 하나님과 사람에게 더욱 사랑스러워 가시더라.

눅영 정도문

동행일기 쓰기 **WRITING**   동행일기 읽기 READING   동행일기 나누기 SHARING

WEEK 1

 # 5일

예수님께서 우리 마음에 임하신 목적

예수님께서 우리 안에 왜 오셨습니까?

> 볼지어다 내가 문 밖에 서서 두드리노니 누구든지 내 음성을 듣고 문을 열면 내가
>
> 그에게로 들어가 그와 더불어 먹고 그는 나와 더불어 먹으리라
>
> 요한계시록 3:20

예수님은 우리와 밥 같이 먹자고 우리 안에 오셨다는 것입니다. 어이가 없을 정도입니다. 예수님을 믿는 것을 영적으로나 신학적인 개념으로 설명하지 않고 예수님과 매일 세 끼 식사를 함께하는 관계로 설명합니다. 예수님께서 식사 때마다 우리와 함께하신다는 것은 우리가 모든 일상에서 예수님과 친밀하게 지내기를 원하신다는 것입니다. 이것이 왜 그렇게 중요합니까?

우리를 넘어뜨리기 위한 사탄의 대표적인 전략 세 가지가 바로 돈, 섹

예수님께서 우리 마음에 임하신 목적   37

스, 권력입니다. 이미 우리가 너무 잘 알고 있는 전략입니다. 그러나 마귀는 상관하지 않습니다. 여전히 통하는 전략이기 때문입니다. 몰라서 사탄에게 넘어지는 것이 아니라는 사실이 우리에게는 정말 불편한 진실입니다.

그러면 어떻게 마귀의 유혹에서 이길 수 있습니까? 주일예배, 새벽기도, Q.T, 식사기도로는 마귀의 유혹을 이기지 못합니다. 주님을 바라보는 눈이 뜨이고 항상 주님의 임재를 의식할 때 마귀에게 무너지지 않습니다.

예수동행일기를 통하여 얻는 유익은 빠른 영적 회복입니다. 매일 일기를 쓰기 때문에 죄와 유혹에 무너졌더라도 하루가 고비입니다. 일기를 쓰면서 다시 주님을 바라보는 시간이 연속적으로 이어집니다. 마음에 거하시는 예수님이 진정으로 믿어지면 삶이 변화되지 않을 사람이 없습니다.

만약 교인들과 함께 산다고 생각해보십시오. 모든 생활에 변화가 일어날 것입니다. 부모님만 모시고 살아도, 사위나 며느리와 함께 살아도, 집에 자녀나 손자가 생겨도 생활에 변화가 일어납니다. 하물며 주 예수님을 마음에 모시고 사는데 어떻게 삶이 변화되지 않겠습니까?

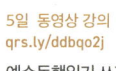

5일 동영상 강의
qrs.ly/ddbqo2j
예수동행일기 쓰기 www.jwj.kr

묵상 질문

Q. 예수님이 마음에 오셔서 변화된 것을 적어보십시오.

리딩 데이

1. 믿음의 선진 일기

프랭크 루박 일기 - 1930. 1. 26.

〈영혼의 문을 열고 하나님의 영광을 누리자〉

며칠 전부터 더욱더 온전히 하나님을 의지하는 연습을 하고 있습니다. 나는 의도적으로 의지적인 행동을 하고 있습니다. 매시간 하나님을 생각하는 데 많은 시간을 들이고 있는 것입니다. … 나는 매 순간 하나님을 느끼고 있습니다. 그것은 의지의 행동입니다.

당신은 이런 강렬한 내적 성찰에 대해 거부감을 가질 수도 있을 것입니다. 당신과 주님과의 관계가 만족스럽다면 굳이 이런 노력을 하지 않아도 되겠지요. 그렇지만 나는 가능한 한 하나님의 인도하심을 온전히 깨닫기 위해 이렇게 할 수밖에 없음을 이해해주기 바랍니다.

우리 교회에서는 즐겨 부른 찬송가가 있습니다. "모든 순간 주의 사랑안에 거하며 모든 순간 새 생명을 받습니다. 영광이 비추는 그 순간까지 모든 순간 주만 바라봅니다"라는 내용의 찬송입니다. 그렇

지만 나는 그 내용대로 실천해본 적이 없습니다.

'순간순간, 깨어 있는 순간마다 드림, 응답, 순종, 민감함, 유순함, 하나님의 사랑에 빠짐' … 바로 이것이 지금 내가 마음을 다하여 찾기를 원하는 것입니다. … 내 영혼을 많은 사람 앞에 적나라하게 드러내 놓는 이유는 이 방법 외에는 다른 사람들에게 영적인 유익을 끼치는 방법이 없을 것 같기 때문입니다. … 나는 우리가 만날 때마다 우리 영혼을 베일로 감춘 채 '가벼운 잡담'을 하는 것에는 찬성하지 않습니다. … 그리고 나는 갈급합니다. 얼마나 갈급한지 모릅니다! … 당신의 마음을 열어서 하나님의 영광을 누리십시오. 그러면 머지않아 그 영광이 당신 주위의 세상과 당신 머리 위에 있는 구름 속에서 빛나게 될 것입니다.[1]

2. 성도의 예수동행일기

삶은 정말 신기한 것 같습니다. 누군가에게는 같은 날의 연속이겠지만, 이렇게 삶에서 주님을 바라보는 지금의 내가 참 신기하고 감사합니다. 중요한 시험에 떨어져서 먹고사는 문제로 인해 힘든 날이 있었습니다. 예배시간에 '사람은 떡으로만 살 것이 아니요, 하나님의 입에서 나오는 말씀으로 산다.'는 말씀에 '아멘!' 하고 외쳤던 생각이 납니다. 믿음은 위기가 와야 알 수 있다는 것이 새삼 느껴집니다. 그때 처음에는 힘들었지만 그래도 주님께 먹고사는 문제로 기도하고 싶지

않았습니다. 필요한 양식으로 채워주실 것을 믿으며 나를 맡겼습니다. 그리고 다시 준비해서 시험에 합격하여 지금까지도 감사하며 살아가고 있습니다.

어제는 지난날에 다가왔던 일과 같은 일이 있었습니다. 지금의 아파트에서 나가야 할지도 모른다는 말을 들었습니다. 지금은 군인 아파트라서 적은 관리비만 내고 있는 좋은 형편입니다. 그런데 당장 나가게 되면 보증금도 얼마 없어서 원룸 아니면 저렴한 투룸에 월세를 내며 살아야 되는 일이 생기는 것이었습니다. 아내에게 이 상황을 얘기해주며 걱정하지 말라고, '하나님이 계시잖아' 하고 말했습니다. 아내도 '걱정하지 않는다'고 했습니다.

오늘 방을 알아보며 신기했습니다. 정말 걱정이 되지 않는 것입니다. 아내와 저는 먹고사는 문제로 작년에 정말 어려운 상황이었습니다. 하지만 작은 믿음이나마 오직 주님께서 원하시는 삶을 살고자 했고 주님을 의지했습니다. 그래서 잘 넘겼습니다.

지금도 동일한 일이 벌어졌지만 걱정하지 않고 주님을 바라보고 있습니다. 온전케 하시는 이인 예수님을 바라보니 조금은 온전하여지는 기적이 일어났습니다. 이 일이 제게는 신기한 일이었습니다. 정말 주님과의 친밀한 교제와 주님을 바라보는 기적을 많은 사람이 함께 나누었으면 좋겠습니다. 이것을 위해 주님께 기도합니다. 항상 함께하시는 하나님을 눈을 열어 보게 해주시기를 구합니다.

감사합니다! 주님. 사랑합니다.

3. 주님과 동행한 순간 찾기

일주일간 쓴 자신의 일기를 다시 읽으며 예수님과 동행했던 순간을 찾아 적어 보십시오.

| 첫 번째 일기 | 년   월   일

제 목 :

| 두 번째 일기 | 년   월   일

제 목 :

4. 감사 제목 찾기

일주일간 쓴 자신의 일기를 다시 읽으며 예수님께서 주신 은혜에 대한 감사를
적어보십시오.

1)

2)

3)

4)

5)

6)

7)

8)

9)

10)

동행일기 쓰기 WRITING   동행일기 읽기 READING   **동행일기 나누기 SHARING**

나눔방 모임

1. 마음 열기

지난 한 주간 예수동행일기를 쓰면서 어떤 마음이 들었습니까? 예수동행일기
를 쓰면서 경험한 느낌을 나누십시오.

2. 예수동행 점검

예수님과 동행하는 영역과 동행하지 못하는 영역을 찾아서 적고 나누십시오.

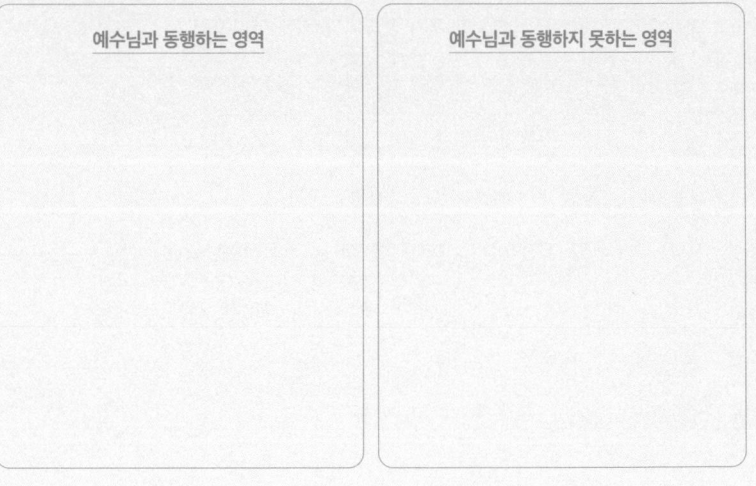

예수님과 동행하는 영역	예수님과 동행하지 못하는 영역

3. 예수동행일기 실습(점검일기)

아래 가이드에 따라 일기를 써보십시오. 일기를 다 쓴 후에는 돌아가면서 자신이 쓴 일기를 읽도록 합니다(단, 이미 일기를 모두 쓰고 있는 경우에는 바로 일기를 읽고 나눕니다).

1. 아침에 일어났을 때 예수님을 생각했습니까? (예 / 아니오)

2. 아침식사 때 예수님을 생각했습니까? (예 / 아니오)

3. 일을 시작하기 전, 예수님을 생각했습니까? (예 / 아니오)

4. 오늘 말씀을 묵상했습니까? (예 / 아니오)

5. 하루 중에 묵상한 말씀이 생각나거나 말씀에 순종한 적이 있습니까? (예 / 아니오)

6. 예수님께 '어떻게 해야 할까요?' 하고 물어본 적이 있습니까? (예 / 아니오)

7. 예수님의 이름을 불러본 적이 있습니까? (예 / 아니오)

8. 사람을 만날 때 예수님을 생각했습니까? (예 / 아니오)

9. 일할 때 예수님을 생각했습니까? (예 / 아니오)

10. 집에서 예수님을 생각했습니까? (예 / 아니오)

11. 이동하는 자동차나 지하철에서 예수님을 생각했습니까? (예 / 아니오)

12. 예수님이 싫어하실 행동을 한 적이 있습니까? (예 / 아니오)

13. 예수님이 기뻐하실 행동을 한 적이 있습니까? (예 / 아니오)

14. 예수님이 말씀하신 것에 순종한 적이 있습니까? (예 / 아니오)

15. 오늘 예수님을 몇 분(minute) 정도 생각했습니까? (분)

16. 하나님이 하셨다고 고백할 감사 제목을 3가지 이상 적으십시오.

17. 자유롭게 기록하십시오.

4. 주제 나눔

1) 주님이 내 마음에 계신 것이 믿어집니까? 그렇게 생각하는 이유는 무엇입니까?

2) 주님과 친밀히 동행하기 위해 하는 훈련이 있습니까?

예 수 동 행 일 기   앱   설 명   ①

예수동행일기 어떻게 시작하나요?

로그인이 어려우신가요? 이 영상에서는 로그인(자동 로그인)에 관련
된 내용을 알려 줍니다. 아이디 또는 비밀번호를 잊어버렸을 때 다시
확인할 방법도 안내합니다.

예수동행일기는 자동번역 기능을 통해 한국어뿐 아니라 다양한 언어로 사용할 수 있
습니다. 다국어 설정 방법과 함께 '홈' 화면에 대해서도 알아보세요. '홈'은 로그인하면
처음 만나는 화면입니다. 여기에 담겨 있는 다양한 기능을 확인해보세요.

예 수 동 행 일 기   Q & A

Q. 주님을 바라보고 의식한다는 것이 어떤 의미입니까? 예수님이 사람처럼 실제로 옆에 계시다고 생각하고 의식하라는 것입니까?

A. 주님이 어디 계신가를 생각해보면 더 좋을 것 같습니다. 주님이 임재하시는 곳이 어디입니까? 우리의 마음입니다. 마음과 생각에 주님이 영으로 임하십니다. 어디든지 계신 주님이시지만, 나와의 관계 속에서 주님의 임재의 자리는 마음입니다. 주님과 동행하는 것과 주님을 바라보는 영역은 마음에서부터입니다. 영으로 오신 주님이시기 때문에 육체적인 눈으로 보거나 귀로 음성을 듣는 것이 아닙니다. 처음에는 주님과 대화하는 일이 이상하게 느껴질 수 있지만, 계속해서 주님의 이름을 부르고 주님께 물을 때 '아! 주님이시구나!' 하는 확신을 갖게 됩니다.

Q. 예수님께 나아가 물을 때 어떤 것이 예수님의 말씀인지, 내 생각인지 구분하는 방법은 무엇입니까?

A. 예수님의 말씀은 성경에 근거한 것입니다. 나의 생각이 성경적 근거가 있는 것인지 분별하는 것이 가장 중요한 일입니다. 성경을 근거로 분별하는 것이 어떤 분들에게는 굉장히 어렵습니다. 그래서 영적 지도자나 목회자 그리고 성경을 잘 알고 있는 가까운 성도나 리더에게 물어보는 것이 좋습니다. 나에게 떠오르는 생각을 이야기하고, 이것이 주님의 말씀인지 물어보면 그분들이 성경에 근거해서 분별해 줄 수 있을 것입니다.

중요한 것은 이런 형태의 내가 하는 어떤 생각이 주님의 생각인지, 아닌지를 끊임없이 분별 받는 과정 속에서 어느 순간에 주님께서 주시는 말씀이 분별이 된다는 것입니다.

예수님과 행복한 동행

2주차 / Week 2

| Day 6 | 일상에서 예수님과 동행하는 훈련하기
| Day 7 | 24시간 예수님을 바라보는 삶
| Day 8 | 24시간 예수님과 함께하는 믿음의 실험
| Day 9 | 예수님과 함께하는 예수동행일기
| Day 10 | 예수님 안에 거하기

리딩 데이 | 나눔방 모임
예수동행일기 앱 설명 ② | 예수동행일기 Q&A

동행일기 쓰기 **WRITING**   동행일기 읽기 READING   동행일기 나누기 SHARING

6일
일상에서 예수님과 동행하는 훈련하기

예수님을 믿는다는 것은 주님과 항상 동행한다는 의미입니다. 일생에 한두 번의 특별한 체험만으로 예수님을 믿는다고 말할 수는 없습니다. 가족이 한두 번의 만남으로 이루어진 것이 아니라 늘 함께 사는 친밀한 관계인 것과 같습니다. 이것을 '동행' 또는 '인격적인 교제'라고 합니다.

많은 그리스도인이 다양한 과정의 성경공부나 제자훈련을 받습니다. 그러나 그런 훈련을 마친 다음, 일상에서 은혜의 삶을 유지하지 못하는 것이 문제입니다. 우리에게 필요한 것은 특별한 체험이 아니라, 일상에서 주님과 동행하는 눈이 뜨이는 것입니다. 성도들 가운데 열심이 대단해 감탄하게 하는 분들을 살펴보십시오. 대체로 최근에 회심한 사람들일 것입니다. 반면에 무기력하고 감동이 없는 성도들을 떠올려보십시오. 대부분 한 삼사십 년 이상 신앙생활을 해온 사람들일 것입니다.

그 이유가 무엇입니까? 일상에서 부활의 주님과 동행하는 삶을 소홀히 했기 때문입니다. 주님과 동행하지 않으면서도 예배, 기도, 성경묵상,

52   예수동행일기

목회나 사역을 얼마든지 할 수 있습니다. 종교생활, 율법주의 경건에 빠져 살아가는 것입니다. 이것이 정말 무서운 일입니다.

하나님께서 아브라함에게 '갈 바'를 알려 주지 않고 무조건 떠나라고 하셨습니다. 그 이유는 아브라함이 '목적지'가 아닌 '하나님'께 집중하기를 원하셨기 때문입니다.

믿음으로 아브라함은 부르심을 받았을 때에 순종하여 장래의 유업으로 받을 땅에 나아갈새 갈 바를 알지 못하고 나아갔으며 히브리서 11:8

예수동행일기를 쓰면서 당장 엄청난 체험을 기대하는 것은 위험합니다. 예수님이 '주님'이라 불러지고 하나님이 '아버지'라고 불러진다면 주님께서 함께하시는 증거는 이미 분명합니다. 우리가 주님과 친밀히 동행하는 것은 이사야 30장 21절 말씀처럼 주님이 함께하시고 인도하신다는 내적인 증거가 있는 것으로 충분합니다.

너희가 오른쪽으로 치우치든지 왼쪽으로 치우치든지 네 뒤에서 말소리가 네 귀에 들려 이르기를 이것이 바른 길이니 너희는 이리로 가라 할 것이며

이사야 30:21

요셉의 하나님과의 동행은 바로의 왕궁이 아닌, 보디발의 집과 감옥에 있을 때부터 계속되었습니다. 요셉의 믿음이 좋은 환경과 형편에 따라 좌우되었다면 그는 열두 번도 더 넘어졌을 것입니다. 요셉은 오직 하나님께 초점을 맞추었기에 노예로 있을 때나 죄수로 갇혀 있을 때에도

오히려 하나님으로 충만할 수 있었습니다.

24시간 예수님을 바라보라는 것은 성경만 읽고 기도만 하라는 것이 아닙니다. 누구를 만나든, 무슨 일을 하든 함께하시는 주님을 의식하고 주님을 기대하며, 작은 일에서부터 주님께 순종해 보라는 것입니다. 24시간 예수님을 바라보고 1년을 살아보십시오. 인생이 변했음을 알게 될 것입니다.

6일 동영상 강의
qrs.ly/mhbqo2n
예수동행일기 쓰기 www.jwj.kr

묵상 질문

Q. 일상에서 환경이 아니라 예수님께 집중한 경험을 적어보십시오.

일상에서 예수님과 동행하는 훈련하기

동행일기 쓰기 WRITING   동행일기 읽기 READING   동행일기 나누기 SHARING

7일

24시간 예수님을 바라보는 삶

믿음은 '열심'이 아니라, 예수님과의 친밀한 '관계'입니다. 예수님에 대해서 많이 알고, 열심히 일한다고 믿음이 좋은 것은 아닙니다. 그리스도인은 예수님을 따라가는 사람, 예수님과 함께 살아가는 사람을 뜻합니다. 현재 나와 함께 계신 주님을 믿고 사는 사람입니다. 믿음은 관계입니다. 그러므로 믿음이 좋다는 것은 예수님과 친밀하게 동행한다는 것입니다.

볼지어다 내가 문 밖에 서서 두드리노니 누구든지 내 음성을 듣고 문을 열면 내가 그에게로 들어가 그와 더불어 먹고 그는 나와 더불어 먹으리라 요한계시록 3:20

믿음은 예수님이 우리를 찾아오시는 것에서부터 시작합니다. 찾아오셔서 우리와 친밀한 교제를 나누기 원하십니다. 친밀한 교제까지 나아가는 사람이 진짜 잘 믿는 사람입니다. 믿음은 예수님을 바라보는 것에서부터 시작합니다. 히브리서 기자는 "믿음의 주요 또 온전하게 하시는

56   예수동행일기

이인 예수를 바라보자"(히브리서 12:2)라고 했습니다. 이 구절을 《새번역
성경》은 "믿음의 창시자요 완성자이신 예수를 바라봅시다."로 번역하고
있습니다. 우리가 예수님을 바라보면 믿음이 온전하게 된다는 것입니다.
많은 성도에게 믿음이 생기지 않는 이유는 예수님을 바라보지 않기 때문
입니다.

우리가 예수님을 바라봐야 할 이유는 예수님이 먼저 우리를 24시간
바라보고 계시기 때문입니다.

> 너의 하나님 여호와가 너의 가운데에 계시니 그는 구원을 베푸실 전능자이시라
>
> 그가 너로 말미암아 기쁨을 이기지 못하시며 너를 잠잠히 사랑하시며 너로
>
> 말미암아 즐거이 부르며 기뻐하시리라 하리라 스바냐 3:17

그런데, 우리는 주님을 얼마나 바라봅니까? 주님께 눈길 한 번 안 주
고 살아갑니다. 심지어 성경을 읽고 기도할 때도 주님을 바라보지 않습
니다. 어려운 일, 급한 일이 일어났을 때에만 예수님을 찾습니다. 병원에
서 의사가 "암입니다!" 하면 "오, 주님!" 하는 기도가 저절로 나옵니다.
그러나 문제가 해결되면 주님 생각은 곧 사라집니다. 우리가 예수님을
바라보는 것이 이 정도밖에 안 되기 때문에 믿음이 생기지 않는 것입니
다. 정말 예수님이 우리 안에 오셨음을 믿는다면 24시간 예수님을 바라
보는 것이 정상입니다.

성결교단의 유명한 부흥사였던 이성봉 목사님은 늘 오른손을 주먹 쥐
고 다녔는데 주위 사람들이 장애인으로 오해할 정도였답니다. 목사님께
왜 그렇게 주먹을 쥐고 다니는지 물었더니 "주님 손 잡고 가는 거야!"라

고 대답했다고 합니다.

예수님이 함께하시는 것이 믿어지고 실제가 되면 삶이 달라집니다. 예수님과 동행하면 삶이 변화됩니다. 우리와 함께 계신 예수님께서 매일 우리를 초청하십니다.

> 나의 사랑하는 자가 내게 말하여 이르기를
>
> 나의 사랑, 내 어여쁜 자야 일어나서 함께 가자 아가 2:10

믿음은 주님을 바라보고 인격적으로 그분과 함께 사는 것입니다. 오늘 손을 내밀어 주님과 손잡고 함께 걸어보기 바랍니다.

7일 동영상 강의
qrs.ly/y2bqo2q
예수동행일기 쓰기 **www.jwj.kr**

묵상 질문

Q. 오늘 예수님을 얼마나 바라보았습니까? 하루 중 몇 번 혹은 몇 분 정도 나의
   시선을 주님께 고정했었는지 적어보십시오.

동행일기 쓰기 WRITING　　　동행일기 읽기 READING　　　동행일기 나누기 SHARING

8일
24시간 예수님과 함께하는 믿음의 실험

믿음의 주요 또 온전하게 하시는 이인 예수를 바라보자 그는 그 앞에 있는

기쁨을 위하여 십자가를 참으사 부끄러움을 개의치 아니하시더니

하나님 보좌 우편에 앉으셨느니라 히브리서 12:2

이 말씀은 '우리가 어떻게 믿음을 가질 수 있는가?' 또 '어떻게 주님과 동행하며 살 수 있는가?'에 대한 대답입니다. 하나님과의 관계는 바라보는 것에서부터 시작합니다. 인격적인 대화를 하려면 먼저 상대방을 바라봐야 합니다. 바라보는 것이 관계의 시작입니다.

'죄'는 헬라어로 '하마르티아'(ἁμαρτία)인데 "과녁에서 벗어났다."는 뜻입니다. 봐야 할 곳을 보지 않는 것이 죄입니다. 함께 계신 예수님을 바라보지 않고 다른 곳만 바라보는 것이 죄입니다. 모든 행위의 죄도 다 여기서 나옵니다. 죄짓는 모든 순간은 주님을 바라보지 않을 때입니다.

'회개'는 헬라어로 '메타노에오'(μετανοέω)인데 '돌아서다'의 의미가

60　　　　　　　　　　　　　　　　　　　　　　　　　　　예수동행일기

있습니다. 다른 곳을 보고 있던 시선을 옮겨 나와 함께 계신 예수님을 바라보는 것이 회개입니다. 그런데 이 말은 '메타'(함께)와 '노에오'(동침하다)의 합성어로 '함께 동침하다.'라는 뜻이 있습니다. 회개의 의미는 함께 계신 예수님과 관계를 갖지 못하다가, 함께 계신 예수님을 의식하게 되고, 예수님을 바라보고 대화하며 친밀한 관계를 회복하는 것을 말합니다.

교리나 지식으로 아는 예수님이 아니고, 인격적인 만남으로 아는 예수님과의 관계가 회복되어야 진정한 기쁨과 감사의 삶을 살게 되고, 죄로부터 자유의 삶을 살게 됩니다. 죄를 극복하지 못하는 단 한 가지 이유는 예수님을 바라보는 시선을 놓쳐버려서 마음 안에 예수님이 계시지 않기 때문입니다. 신앙의 본질적인 모든 문제는 주님을 바라보지 않고 의식하지 않는 것에서 비롯됩니다.

사도 바울은 계속해서 24시간 예수님을 바라보라고 권고합니다.

쉬지 말고 기도하라(데살로니가전서 5:17).

기도에 항상 힘쓰며(로마서 12:12).

항상 성령 안에서 기도하고(에베소서 6:18).

기도를 계속하고(골로새서 4:2).

모든 일에 기도와 간구로 … 하나님께 아뢰라(빌립보서 4:6).

누군가와 대화를 나누기 위해 제일 먼저 하는 것이 상대방의 이름을 부르는 일입니다. 믿음으로 주님을 바라보는 실험의 첫 걸음도 '예수님!' 하고 이름을 부르는 일입니다. 다른 데 집중하다가도, 함께하신 예수님을 의식하고 '예수님!' 하고 부르면, 생각과 마음이 예수님께 집중하게 됩니다. 우리가 의지적으로 '예수님!' 하고 부를 때, 주님께로 시선이 옮

겨지게 됩니다.

주님을 바라보는 중요한 훈련 중 하나는 모든 삶의 영역에서 주님의 이름을 부르는 것입니다. 아침에 일어나면서 '예수님!' 하고 불러보십시오. 삶이 달라지는 것을 경험하게 될 것입니다. 사람을 만날 때, 일을 할 때 주님의 이름을 부르면, 그 현장에 계신 주님을 의식하고 바라보게 되므로 주님과 동행하는 삶이 시작됩니다.

하루를 마무리하면서 '주님을 생각하고 지냈는가?', '주신 말씀은 다 순종했는가?', '함께하신 주님이 행하신 일은 무엇인가?'를 점검하고 기록하는 예수동행일기는 가장 탁월한 믿음의 실험입니다.

8일 동영상 강의
qrs.ly/31bqo2u
예수동행일기 쓰기 www.jwj.kr

묵상 질문

Q. 내가 예수님을 바라보기 위해 사용하는 방법은 무엇입니까? 구체적으로 적
   어보십시오.

 # 9일

예수님과 함께하는 예수동행일기

예수동행일기는 24시간 예수님을 바라보는 삶을 점검하는 도구입니다.

프랭크 루박은 필리핀 선교사로 사역하면서도 45세가 될 때까지 신앙 생활에 만족을 느끼지 못해 고민했습니다. '하나님께서 정말 우리의 모든 삶에 함께하실까?' '순간순간 하나님의 임재 안에 사는 것이 가능할까?' 이런 갈등을 하다가 1930년 1월 1일부터 그는 믿음의 실험을 시작했습니다. 매분마다 하나님을 바라보고 하나님께서 인도해 주시기를 기다리며 그 과정을 일기로 기록하는 것이었습니다. 하나님의 임재를 막연히 기다리지 않고 매일을 점검하는 일기를 썼습니다.

1930. 1. 20. 내면의 음성에 귀 기울이다

나는 목사와 선교사로 15년 동안이나 섬겨왔지만, 하루 종일 하나님의 뜻을 따르는 삶을 살아보지 못했습니다. 그러다가 2년 전 나의 삶에 대해 심히 불만을 느끼고는 15분 내지 30분마다 나의 행동을

하나님의 뜻에 비추어보는 노력을 시작했습니다.

나는 깨어있는 동안 쉬지 않고, "아버지 하나님, 제가 무슨 말을 하기 원하십니까? 지금 이 순간 어떻게 행하기를 원하십니까?"라는 질문을 하며, 마음속에서 들리는 세미한 음성에 계속 귀를 기울였습니다. 이것은 분명히 예수님이 온종일 행하신 일이었습니다. 그러나 예수님을 따르는 수많은 무리들은 그렇게 하지 않았습니다.[2]

다윗도 항상 하나님을 바라보며 살기 위해 애썼습니다. 그래서 그는 흔들림 없는 삶을 살았다고 고백했습니다. 믿음으로 살 수 있었다는 고백입니다.

> 내가 여호와를 항상 내 앞에 모심이여 그가 나의 오른쪽에 계시므로 내가
> 흔들리지 아니하리로다 시편 16:8

예수동행일기를 쓰면서 가장 큰 유익은 내가 예수님을 하루 중에 얼마나 생각하고 살았는지를 점검할 수 있다는 것입니다. 또한 말씀대로 살았는지(순종일기), 아침에 Q.T나 새벽기도회를 통해서 주신 말씀에 순종했는지를 점검할 수 있는 유익도 있습니다. 많은 말씀을 듣고 받았지만 순종하지 않고 살았던 것을 점검하게 됩니다. 정말 내가 제대로 믿고 사는지를 매일 점검하게 됩니다. 마음에 주님이 생각나지 않는다면, 주님과 관계없이 지낸 것이나 다름없습니다. 매일 주님을 의식하고 살았는지를 점검하면서, 예수님을 더 많이 생각하게 되고, 예수님과 더 많이 대화하고, 예수님과 더 많은 시간을 함께하게 됩니다.

처음에는 예수님을 매 순간 생각하려고 노력해야 합니다. 하지만 점점 예수님께서 생각의 주도권을 갖게 되실 것입니다. 이것이 예수님과의 관계를 놀랍게 변화시킵니다. 늘 생각하게 되는 것이 사랑의 특징입니다.

일기를 쓰는 것이 귀찮을 때도 부담이 될 때도 있습니다. 그래서 일기를 쓰지 않으면 지금 당장은 편합니다. 그러나 하루, 이틀, 일주일이 지나면, 예수님의 임재가 마음에서 사라짐을 느낍니다. 마음이 복잡해지기 시작하며 쉽게 분노하고, 유혹에 넘어지고 염려하게 되며, 점점 삶이 견디기 어려워집니다. 누구도 이런 상태로 살고 싶지는 않을 것입니다.

잠언에서는 범사에 예수님을 인정하라고 말씀합니다. 24시간 예수님을 바라보라는 것입니다.

너는 마음을 다하여 여호와를 신뢰하고 네 명철을 의지하지 말라 너는 범사에 그를 인정하라 그리하면 네 길을 지도하시리라 잠언 3:5-6

24시간 예수님을 바라보기 바랍니다. 그러면 예수님께서 나를 변화시켜 주실 것입니다.

9일 동영상 강의
qrs.ly/awbqo32
예수동행일기 쓰기 www.jwj.kr

묵상 질문

Q. 예수동행일기를 써보았습니까? 일기를 쓰면서 얻은 가장 큰 유익이 무엇인지
   적어보십시오.

동행일기 쓰기 WRITING　　동행일기 읽기 READING　　동행일기 나누기 SHARING

#10일
예수님 안에 거하기

우리가 주님 바라보기를 힘쓰면 주님의 임재를 느끼는 감각이 엄청나게 커집니다.

> 예수를 너희가 보지 못하였으나 사랑하는도다 이제도 보지 못하나
> 믿고 말할 수 없는 영광스러운 즐거움으로 기뻐하니 베드로전서 1:8

성경을 읽다가 마음에 감동을 느끼고, 주님의 책망과 교훈과 위로와 약속을 자신에게 주시는 것으로 깨닫는 사람은 주님을 인격적으로 만난 것입니다. 예배할 때, 설교들을 때, 기도시간에 또는 경건 서적을 읽다가, 길을 가다가, 실패나 어려운 처지에 빠졌을 때, 어떤 사람의 말을 듣는 중에 분명히 주님이 주시는 말씀을 들었다면 주님을 인격적으로 만난 것입니다. 그 내용을 '기록하자'는 것입니다. 주님과 동행을 일기로 쓰며 믿음을 점검하자는 것입니다.

예수님께서는 "나를 따르라"고 제자들을 부르셨습니다.

이튿날 예수께서 갈릴리로 나가려 하시다가 빌립을 만나 이르시되

나를 따르라 하시니 요한복음 1:43

주님은 우리에게도 동일하게 "나를 따르라"고 말씀하십니다. 이 말씀에 주의 종인 우리의 구원이 있습니다. 우리가 염려하거나 고민하거나 몸부림칠 필요가 없습니다. 그저 예수님만 따라가면 됩니다. 하지만 제자들은 보이는 예수님을 따라갈 수 있었지만, 우리는 어떻게 보이지 않는 예수님을 따라가야 할지 난감할 때가 많습니다. 그래서 주님은 제자들에게 "내 안에 거하라"고 하셨습니다.

내 안에 거하라 나도 너희 안에 거하리라 가지가 포도나무에 붙어 있지 아니하면

스스로 열매를 맺을 수 없음 같이 너희도 내 안에 있지 아니하면 그러하리라 나는

포도나무요 너희는 가지라 그가 내 안에, 내가 그 안에 거하면 사람이 열매를

많이 맺나니 나를 떠나서는 너희가 아무 것도 할 수 없음이라 요한복음 15:4-5

이 말씀을 들은 제자들은 또 얼마나 난감했겠습니까? 하지만 이 말씀은 예수님께서 부활승천 후 성령으로 제자들 안에 거하실 때를 위해 하신 말씀입니다. 예수님이 승천하시면 제자들은 예수님을 볼 수도 따를 수도 없게 됩니다. 그때 제자들은 스스로의 힘으로 예수님의 명령을 수행하기 위해 애쓰게 될 것입니다. 문제를 만나면 고민하고, 애쓰다가 좌절하고, 낙심하고 지치고, 두려움과 염려로 가득 차게 될 것입니다. 예수

예수님 안에 거하기   69

님은 이 상황을 너무 잘 아셨습니다.

그래서 제자들에게 중요한 진리를 가르치셨던 것입니다. 예수님과 그리스도인의 관계는 친구보다도 부모와 자녀보다도 부부보다도 더 가깝고 친밀한 관계입니다. 한 몸이기 때문입니다.

> 나는 포도나무요 너희는 가지라 그가 내 안에, 내가 그 안에 거하면 사람이
>
> 열매를 많이 맺나니… 요한복음 15:5

이 말씀은 예수님이 승천하셨다고 제자들만 남겨진 것이 아님을 알려줍니다. 오히려 포도나무와 가지처럼 예수님과 제자들은 한 몸이 된다는 것입니다. 그러므로 제자들은 스스로 예수님의 명령을 수행하려고 애쓰지 말아야 합니다. 단지 주님 안에 거하기만 하면 됩니다. 그러면 주님께서도 제자들 안에 거하시고 친히 역사하실 것을 약속하셨습니다. 이 약속은 제자들에게만 주어진 것이 아닙니다. 모든 그리스도인에게도 동일하게 주어진 약속입니다. 예수동행일기를 쓰는 것은 주 예수님 안에 거하는 삶을 살기 위함입니다.

10일 동영상 강의
qrs.ly/e6bqo3a
예수동행일기 쓰기 www.jwj.kr

묵상 질문

Q. '예수님 안에 거하라'는 말씀을 적용해서 살아야 할 내 삶의 영역은 어디입니까? 그 영역에서 어떻게 적용할지 적어보십시오.

리딩 데이

1. 믿음의 선진 일기

데이비드 브레이너드(David Brainerd) 일기 – 1746. 8. 1.

저녁에 은밀한 기도 중에 감미로운 시간을 가졌다. 어둠의 구름과 괴롭히는 근심이 사라졌고, 걱정이 하나도 남아 있지 않았다. 오오, 이때에 내 마음이 어찌나 평온하던지! 자주 느꼈던 산만한 걱정거리가 전혀 없었다.

"주의 뜻이 이루어지이다."라는 말씀의 간구가 내 영혼에 감미로움을 주었다. 만일 하나님께서 무슨 일에서든 나 자신에게 선택권을 주셨더라도, 나는 그 선택권을 하나님께 다시 돌려드려야 했을 것이다. 나는 잘못을 범할 소지가 다분하나, 그는 무한히 지혜로우사 어떠한 일에도 실수를 하시는 법이 없는 것을 보았으니 말이다.

하나님께서 내 사랑하는 양 떼들 중에서 그의 일을 행하시기를 위하여, 또한 서스퀘한나로 향하는 여정에 나와 함께하시기를 위하여 기도하는 중에 도우심을 얻었고, 또한 뉴잉글랜드의 사랑하는 친구

들과 목회 사역 중에 있는 사랑하는 형제들을 기억하고 그들을 위하여 기도하였다.

내 육체의 상태가 허용하기만 한다면 밤을 새워서라도 그 감미로운 기도의 임무를 족히 감당할 수 있을 것 같았다. "주여 나의 뜻이 아니라 주의 뜻이 이루어지기를 바라나이다."라고 진심으로 아뢸 수 있으니, 오오, 이 얼마나 귀한 일인가![3]

2. 성도의 예수동행일기

수용자의 거실 중 한 거실을 맡아 성경공부를 시작했습니다. 바뀐 업무에 특히 중요한 회의가 있던 날이라 지친 것이 사실이지만, 퇴근 시간쯤 이제는 당연히 그곳으로 발걸음을 옮기기만 하면 좋은 일들이 있을 것을 너무 잘 알기에 힘이 났습니다.

언제나 처음 만나는 자리는 긴장됩니다. 각자 다른 환경에서 살았던 사람들이 한 곳에 모여 한 가지 이야기를 듣고 말하는 것은 어떻게 보면 불가능해 보일 정도로 어려운 일입니다. 그런데 참 신기한 것은 복음은 전혀 그렇지 않다는 것입니다. 오늘도 저는 이곳에 있는 수용자들이 하루빨리 밖에 나가는 것보다 자기 안에 있는 깊은 죄의 문제를 해결하고 싶어 하는 갈망을 보았습니다. 그리고 복음을 그대로 흡수하는 갈급한 영을 보았습니다.

제가 한 것은 아무것도 없습니다. 전 하루 종일 피곤했고 또 업무로 긴장했고 특히 말씀을 한 구절도 보지 못했습니다. 하지만 분명한

것은 저의 입술을 쓰실 하나님에 대한 기대가 있었고, 저의 상태와 무관하게 맡기는 자를 통해 일하시는 성령님을 여러 번 경험했기에 오늘도 믿어졌습니다. 그리고 전하는 입술을 통해 듣는 자와 전하는 자가 모두 은혜를 받았습니다.

마음 깊은 곳에 숨겨둔, 스스로도 모른 체하고 있는 죄에 대한 이야기를 이들은 아주 순수하게 받아들이고 들어주었습니다. 그 무엇으로 채우려 해도 채워지는 원리가 아닌, 이미 나에게 있는 어떤 문제가 해결되어야만 행복해질 수 있는 원리, 예수님이 이미 십자가에서 해결하신 그 놀라운 은혜를 그들은 초롱초롱한 눈으로 들었습니다. 그리고 저 역시 저의 능력 이상으로 그 순수한 복음을 전할 수 있었습니다.

평소보다 늦게 퇴근하는 길이었지만 평소보다 즐겁습니다. 복음을 전한 도구인 제가 잠시 그 입술로 사용되었을 뿐인데 저를 지나간 복음이 저에게 다시 복음을 들려주었습니다. 참 감사한 하루입니다. 주님이 하셨습니다.

3. 주님과 동행한 순간 찾기

일주일간 쓴 자신의 일기를 다시 읽으며 예수님과 동행했던 순간을 찾아 적어
보십시오.

| 첫 번째 일기 | 년   월   일

제 목 :

| 두 번째 일기 | 년   월   일

제 목 :

4. 감사 제목 찾기

일주일간 쓴 자신의 일기를 다시 읽으며 예수님께서 주신 은혜에 대한 감사를
적어보십시오.

1)

2)

3)

4)

5)

6)

7)

8)

9)

10)

동행일기 쓰기 WRITING   동행일기 읽기 READING   동행일기 나누기 SHARING

WEEK 2

나눔방 모임

1. 마음 열기

예수동행일기를 쓰는 데 가장 큰 방해요소는 무엇인지 나누십시오.

2. 예수동행 점검

아래의 7가지 질문을 통해 예수님과의 동행을 점검하고 함께 나누십시오.

1) 일과를 미리 계획하고 주님께 물었습니까? 그렇게 하지 못했다면 내일의 일과를 미

   리 계획해보십시오.

2) 나의 일기는 일상 일기입니까? 주님을 바라보는 일기입니까?

3) 일기를 쓰면서 예수님을 생각하지 못해 좌절한 경험이 있습니까?

4) 마음이 무너질 때 예수님을 바라본 경험이 있습니까?

5) 일기를 쓰면서 마음이 달라진 경험이 있습니까? 어떤 경험이었습니까?

6) 언제 예수님과 가장 가깝다는 느낌이 들었습니까?

7) 일상에서 예수님으로 인한 감동이 있습니까?

3. 예수동행일기 실습(일상 점검일기)

아래 가이드에 따라 일기를 쓰십시오. 일기를 다 쓴 후에는 돌아가면서 자신이 쓴 일기를 읽도록 합니다(단, 이미 모두 일기를 쓰고 있는 경우에는 바로 일기를 읽고 나눕니다).

1. 아침에 일어날 때 예수님을 생각했습니까?

2. 식사할 때 예수님을 생각했습니까?

3. 성경을 읽거나 Q.T할 때, 깨달은 교훈이 무엇입니까?

4. 기도 시간에 생각났던 것이 있다면 무엇입니까?

5. 하루 동안 일할 때나 사람을 만날 때, 혼자 있을 때 등 예수님을 생각하려고 노력한 때는 언제입니까?

6. 노력하지 않았는데 예수님이 저절로 생각난 때는 언제입니까?

7. 예수님을 생각하지 않을 때에는 마음에 무슨 생각이 있었습니까?

8. 하루 중 기억에 남는 일은 무엇이며, 주님이 주시는 메시지는 무엇이었습니까?

9. 예수님께서 하라고 지시하시는 느낌을 받은 일이 있었습니까?

10. 큐티 말씀이나 예수님께서 말씀하신 것에 순종했습니까?

11. 하나님이 하셨다고 고백할 감사 제목을 3가지 이상 적으십시오.

4. 주제 나눔

1) 24시간 예수님을 바라보고 살고 있습니까? 그렇지 못하다면 그 이유가 무엇입니까?

2) 가정이나 직장, 교회에서 예수님 안에 거하며 맡겨야 한다고 생각하는 문제는 무엇입니까?

예 수 동 행 일 기   앱   설 명 ②

예수님과 동행을 일기로 쓴다고?

예수동행일기의 가장 중요한 핵심인 '쓰기' 기능을 소개합니다.

일기를 쓰면서 적용할 수 있는 편집 기능(글자 크기, 진하기 등), 각

나눔방별로 일기 공개/비공개 여부를 설정하는 법, 작성 시간, 날짜를 수정하는 방법

등을 안내합니다.

예수동행일기를 처음 쓰는 분, 자신이 동행일기를 잘 쓰고 있는지 알고 싶은 분은 '가

이드 쓰기'를 활용해보세요. 다양한 가이드를 따라 일기를 써볼 수 있습니다.

예수 동행일기 Q&A

Q. 다른 생각으로 바쁠 때로구나, 예수님 생각과 시랑을 따르지 않겠습니다. 시간이 필요한 것입니까?

A. 물론 굴목 시간이 필요합니다. 지금까지 예수님을 생각하는 시간이 많지 않았기 때문에 예수님에 대한 생각이 금방 사라질 것 같습니다. 또 예수님은 보이지 않고 들이기 때문에 우리들은 예수님을 의식하지 못하고 생활하는 것이 익숙합니다. 그래서 처음에는 아닙니다. 그리고 꾸준히 예수님을 의식하고 생각하는 것이 불편하게 느껴집니다.

Q. 다른 일들을 집중해서 할 때 예수님을 생각하기가 어렵습니다. 어떻게 해야 가지를 동시에 할 수 있습니까?

A. 우리는 일들을 하면서도 순간순간 많은 생각을 합니다. 예수님과 아버지를 마음에 품고 있습니다. 물론 생각해봅시다. 지금 아버지나 가족 중 누가 아프거나, 어디가 많이 아프신 상태에서 일을 한다면, 그 생각이 계속해서 떠오르지 않겠습니까? 주님께서 지금 나와 함께 계시다는 것이 마음속으로 아주 인식되면, 주님께서 지금 다시 올아 있다고 사람이 아이가 함께 운동이 마음 들에 있아사는 것처럼, 그 사람과 그 아이가 생각이 계속 떠오르는 것입니다.

예수님과 행복한 동행

3주차 / Week 3

| Day 11 | 예수동행일기를 쓰면서 변화를 경험하기
| Day 12 | 중요한 마음 지키기
| Day 13 | 내 마음의 상태는?
| Day 14 | 마음을 열면 마음이 지켜진다
| Day 15 | 나눔방

리딩 데이 | 나눔방 모임
예수동행일기 앱 설명 ③ | 예수동행일기 Q&A

동행일기 쓰기 **WRITING**　　동행일기 읽기 **READING**　　동행일기 나누기 **SHARING**

11일
예수동행일기를 쓰면서 변화를 경험하기

예수님과 동행이 믿어지지 않습니까? 예수동행일기를 10일간만 써보기 바랍니다. 다니엘 1장 10-21절에서 다니엘이 환관장에게 '10일을 시험하여 보라.'고 말합니다. 10일이 충분한 기간은 아니지만 놀라운 주님의 은혜를 경험하는 기간으로는 충분합니다. "이것 정말 놀랍다!" 하는 고백이 나올 것입니다.

　로렌스 형제(Brother Lawrence)는 17세기 프랑스 사람으로 행복할 조건이 전혀 없는 사람이었습니다. 전쟁에서 다리에 부상을 입고 장애인이 되어 38세에 수도원에 들어갔습니다. 로렌스는 남의 눈에 띄지 않는 주방에서 30년 동안 요리사로 봉사하며 냄비와 그릇을 닦는 것 말고는 사람들의 주목을 받는 일을 거의 하지 않았던 수사입니다.

　로렌스 형제는 항상 행복했습니다. 하나님의 임재 안에서 살았기 때문입니다. 주님과 함께하니 접시를 닦는 것이 수많은 군중 앞에서 설교

84　　　　　　　　　　　　　　　　　　　　　　　　예수동행일기

하는 것과 다름없다는 생각을 했습니다. 로렌스는 하나님의 사랑에 감격하여 종일 노래했고 기도하는 심정으로 살아갔습니다. 감사와 기쁨이 넘쳤습니다.

어느 날, 국왕 루이 12세가 카르멜 수도원을 방문하여 로렌스를 만나서 "당신의 행복의 비결이 무엇이냐?"고 물었을 정도입니다.

로렌스 형제에게 사람들이 '어떻게 하나님의 임재하심에 그렇게 민감할 수 있는지'를 물었습니다.

로렌스 형제는 그의 책《하나님 임재연습》에서 늘 주님을 생각했기 때문이라고 했습니다.

"어떤 사람과 친해지면 그 사람을 사랑할 수 있습니다. 그리고 어떤 사람과 친해지려면 그 사람을 자주 생각해야 합니다. 마찬가지입니다. 하나님을 사랑하려면 먼저 하나님을 자주 생각해야 합니다. 그리고 그렇게 하나님을 사랑하게 되었을 때 우리는 하나님을 더욱 자주 생각하게 될 것입니다. 우리가 귀히 여기는 곳에 우리의 마음도 있는 법이기 때문입니다. 하나님을 계속 생각하십시오."[4]

우리가 매일 예수동행일기를 쓰는 것도 항상 주님을 생각하기 위함입니다. 예수동행일기를 쓰면서 교회 안에도 뚜렷한 변화가 일어났습니다. 일기를 쓰기 전에는 담임목사와 부목사가 서로의 속마음이 어떤지 몰라서 답답했습니다. 그런데 예수동행일기를 쓰고 함께 나누면서 마음으로 깊이 교제하게 되었습니다. 목사와 장로들도 예수동행일기를 쓰고 함께 나누면서 마음이 하나되었습니다.

예수동행일기를 쓰면서 변화를 경험하기

교회 안의 소그룹 공동체의 분위기가 완전히 달라졌습니다. 마음을 열고 지내면서 교인들 사이에서 진정한 성령의 교통함을 경험하게 되었습니다.

'예수님 안에 거하라!'는 말씀이 처음에는 너무나 막연했습니다. 어떻게 하라는 것인지 혼란스러웠습니다. 그런데 '예수동행일기'를 쓰고 주님을 계속 생각하고 바라보면서, 이것이 우리가 주님 안에 거하는 시작임을 깨달았습니다. 주님 안에 거하는 것이 복음이고 생명줄이고 구원입니다.

우리가 할 일은 오직 주님 안에 거하며 주 예수님을 왕으로 모시고 사는 것뿐입니다. 그러면 정말 놀라운 주님과의 친밀함을 누리게 됩니다.

11일 동영상 강의
qrs.ly/cvbqo3f
예수동행일기 쓰기 **www.jwj.kr**

묵상 질문

Q. 예수동행일기를 쓰면서 변화된 부분이 있다면 아주 사소한 것까지도 적어보
   십시오.

동행일기 쓰기 **WRITING**　　동행일기 읽기 READING　　동행일기 나누기 SHARING

12일
중요한 마음 지키기

많은 사람이 주님과 친밀하게 동행하려면 기도원에 올라가 살거나 교회 일만 해야 하는 줄 압니다. 그렇지 않습니다. 주님이 우리 마음에 거하시기에 가정에서나 직장에서나 시장에서나 주님과 동행하는 것이 정상입니다. 이것이 하나님의 뜻입니다.

　주님과 친밀히 동행하기 위해서는 마음이 정말 중요합니다. 우리가 예수님을 만나고 친밀히 교제하는 곳이 마음이기 때문입니다. 고린도후서 13장 5절과 요한계시록 3장 20절은 예수님께서 우리 마음 안에 오셨다고 말씀합니다. 또 주님께서 우리 마음을 인도하신다고 말씀합니다.

> 주께서 너희 마음을 인도하여 하나님의 사랑과 그리스도의 인내에 들어가게
> 하시기를 원하노라 데살로니가후서 3:5

　우리의 문제는 마음을 너무나 소홀히 여기는 것입니다. 예배하러 올

때, 얼굴이나 옷에는 신경을 많이 씁니다. 하지만 마음은 너무나 소홀히 합니다. 분노, 염려, 낙심, 비판, 다툼, 욕심, 탐식, 교만, 자랑을 그대로 가지고 옵니다. 사람들만 의식할 뿐 마음을 보시는 하나님은 의식하지 않습니다. 그러나 하나님은 우리의 마음을 보십니다.

… 내가 보는 것은 사람과 같지 아니하니 사람은 외모를 보거니와 나 여호와는 중심을 보느니라 하시더라 **사무엘상 16:7**

우리가 마음을 소홀히 여기는데 반해, 마귀는 우리의 마음이 얼마나 중요한지 너무 잘 압니다. 그래서 마귀는 가장 중요한 우리 마음을 노립니다.

마귀가 벌써 시몬의 아들 가룟 유다의 마음에 예수를 팔려는 생각을 넣었더라 조각을 받은 후 곧 사탄이 그 속에 들어간지라 이에 예수께서 유다에게 이르시되 네가 하는 일을 속히 하라 하시니 **요한복음 13:2, 27**

자신이 생각해도 놀랄 만큼 끔찍하고 부끄러운 생각이 일어날 때가 있습니다. 죽고 싶은 생각, 죽이고 싶은 생각, 슬픔, 자기 연민, 우울증, 가출하고 싶은 생각, 온갖 음란한 생각 등이 그것입니다. 그것을 누가 알까봐 두려운 마음이 들 때도 있습니다. 이런 마음을 갖게 하는 것이 바로 마귀가 하는 일입니다. 왜 주님은 당시 가장 거룩한 바리새인들에게 '독사의 자식들아'라고 하셨습니까? 그들의 마음을 보셨기 때문입니다.

중요한 마음 지키기

하나님을 사랑하는 것이 너희 속에 없음을 알았노라 요한복음 5:42

겉은 거룩해 보이나 마음은 마귀가 주인이 된 상태입니다. 아나니아와 삽비라 부부의 마음도 마찬가지였습니다. 아나니아는 분별하지 못해 사탄이 주는 생각을 품었습니다. 그래서 성경은 무엇보다 더욱 마음을 지키라고 합니다.

모든 지킬 만한 것 중에 더욱 네 마음을 지키라 생명의 근원이 이에서 남이니라

잠언 4:23

우리가 지키고 사는 것이 너무 많습니다. 돈, 집, 지위 같은 것들입니다. 그러나 그보다 더 중요한 것이 있습니다.
"더욱 네 마음을 지키라"
우리가 정말 지켜야 할 것은 돈이나 집, 지위가 아니라 마음입니다.
"생명의 근원이 이에서 남이니라"

12일 동영상 강의
qrs.ly/mmbqo3k
예수동행일기 쓰기 **www.jwj.kr**

예수동행일기

묵상 질문

Q. 내 안에 순종해야 할 주님이 주시는 마음과, 대적해야 할 사탄이 주는 마음
이 무엇인지 적어보십시오.

WEEK 3

중요한 마음 지키기

동행일기 쓰기 **WRITING**   동행일기 읽기 **READING**   동행일기 나누기 **SHARING**

 # 13일

내 마음의 상태는?

마태복음 13장에서 예수님은 우리의 마음을 네 가지 비유로 말씀하셨습니다. 말씀이 주어질 때, 전혀 반응하지 않는 '길 가'와 같은 사람은 예수님이 마음에 계시지 않는 사람입니다. 마음이 '돌밭' 같거나 '가시떨기' 같은 사람은 말씀을 듣고 은혜를 받는다고 했으니 마음에 주 예수님이 임하신 사람입니다. 그러나 삶의 열매나 사역의 열매는 없다고 했습니다. '고난에 대한 두려움, 먹고사는 문제에 대한 염려'로 마음이 돌밭이 되고 가시떨기 천지가 된 것입니다.

우리는 두려움과 염려를 가지고 있으면서도 이것을 심각한 문제로 인식하지 않습니다. 우리가 음식은 얼마나 신경 써서 먹습니까? 독이라고 생각되면 먹을 사람이 누가 있습니까? 집은 얼마나 철저히 지킵니까? 낯선 사람이 안방에 누워있다면 그대로 내버려두겠습니까?

그런데 왜 마음에는 아무것이나 다 들어오도록 내버려둡니까? 마음에 온갖 쓰레기 같은 악한 생각, 독이 되는 생각을 품고 살기 때문에 삶

92   예수동행일기

도 사역도 혼란스럽고 고통스러운 것입니다.

물 한 컵이 얼마나 무겁겠습니까? 중요한 것은 무게가 아니라 얼마나 오래 들고 있느냐 하는 것입니다. 잠깐 들었다 놓으면 문제가 없습니다. 그러나 한 시간을 들고 있으면 팔이 아플 것이고, 하루를 들고 있어야 한다면 어깨도 아프고 불편함이 이루 말할 수 없을 것입니다. 그렇게 한 달을 들고 있어야 한다면 얼마나 끔찍하겠습니까? 이것이 많은 그리스도인의 마음이며 힘들어하면서 사는 이유입니다.

그러므로 우리 마음에 두려움과 염려가 생기면 즉시 내려놓아야 합니다. 하루, 이틀, 한 주, 두 주 계속 품고 있으면 더 큰 문제를 일으키게 됩니다. 매일 예수동행일기를 쓰면 마음을 점검하게 되고 그날의 두려움과 염려는 하루면 끝납니다.

예수님을 마음에 영접했다는 것은 항상 주님을 생각하며 살게 되었다는 뜻입니다. 예를 들면, 우리 마음에 어떤 사람이 들어올 때가 있습니다. 항상 그 사람을 생각하게 되었다는 말입니다. 연애하는 청년들의 마음이 그렇습니다. 자녀를 낳으면 자녀가 부모의 마음에 들어오게 됩니다. 항상 자녀를 생각하게 되는 것입니다.

주님을 마음에 영접한 사람은 항상 주님을 바라보고 생각하게 되는 것이 정상입니다. 그렇기 때문에 마귀는 우리가 주님 바라보는 것을 방해하려고 수단과 방법을 가리지 않습니다.

그 중에 이 세상의 신이 믿지 아니하는 자들의 마음을 혼미하게 하여 그리스도의 영광의 복음의 광채가 비치지 못하게 함이니 그리스도는 하나님의 형상이니라

고린도후서 4:4

아무리 휘황찬란한 조명 아래 있어도 눈만 가리면 사방이 캄캄합니다. 찬란한 태양 아래 있어도 눈만 가리면 어둠천지일 뿐입니다. 마찬가지로 마음의 눈에 마귀가 천 하나만 덮으면 주님의 영광이 보이지 않게 됩니다. 기가 막힌 일입니다. 우리가 이것을 경계해야 합니다.

13일 동영상 강의
qrs.ly/2dbqo3p
예수동행일기 쓰기 www.jwj.kr

묵상 질문

Q. 지금 내 마음은 어떻습니까? 예수님을 바라보지 못하게 방해하는 것들을
모두 적어보십시오.

동행일기 쓰기 WRITING　　　동행일기 읽기 READING　　　동행일기 나누기 SHARING

14일
마음을 열면 마음이 지켜진다

예수동행일기를 쓰는 것이 곧 마음을 지키는 일입니다. 매일 예수동행일기를 쓰면서 놀라는 것은 내 마음의 실상을 알게 되는 것입니다. 많은 그리스도인이 마음을 감추거나 억누르고 살아갑니다. 두렵고 초조하고 불안하여 충만함도 기쁨도 없습니다. 마음이 이렇게 복잡한 이유는 마음을 열지 않기 때문입니다. 마음을 열면 주님이 들어오시고 우리 마음은 정리됩니다.

예수동행일기를 쓸 때 가장 힘든 고비는 다른 사람들과 일기를 나누는 것입니다. 많은 사람이 마음을 드러내는 것을 두려워하기 때문입니다. 그러나 정말 두려워해야 할 것은 마음을 감추고 사는 것입니다. 하나님 앞에 섰을 때, 마음에 있지 말아야 할 것이 드러나면 어떻게 하겠습니까?

먼저 예수님을 마음에 주님으로 모셔야 합니다. 정말 예수님을 마음에 영접했다면 마음에 품어서 안 되는 생각은 정리될 수밖에 없습니다.

96　　　　　　　　　　　　　　　　　　　　　　　예수동행일기

예수동행일기는 주님 앞에서 정리한 그 마음을 쓰는 것입니다. 마음을 열고 사는 훈련은 매우 고통스럽지만 그것 때문에 염려, 거짓, 미움, 의심, 낙심 같은 악한 것이 마음에 자리 잡을 수 없게 됩니다.

선한 사람은 마음에 쌓은 선에서 선을 내고 악한 자는 그 쌓은 악에서
악을 내나니 이는 마음에 가득한 것을 입으로 말함이니라 누가복음 6:45

결국 마음에 가득한 것이 말로 나오게 됨을 성경은 말씀합니다. 하지만 우리가 스스로 마음을 변화시킬 수는 없습니다. 불가능한 일입니다. 그런데 마음을 열 수는 있습니다. 우리가 마음을 주님께 열면 빛이신 주님으로 인해 우리 마음이 바뀝니다. 삶이 완전히 달라집니다.

일기 쓰기가 싫어지고 나누는 것이 더욱 부담스러워진다면, 마귀가 자신을 숨기고 우리 안에 역사하기 때문임을 알아야 합니다. 우리가 마음을 열고 살려고 하는 가장 중요한 이유는 단순히 마귀가 주는 생각에서 우리 마음을 지키기 위한 것만은 아닙니다. 오직 주님의 마음을 품고 살아가기 위함입니다.

너희 안에 이 마음을 품으라 곧 그리스도 예수의 마음이니 빌립보서 2:5

이제는 주님의 마음을 품고 살아야 합니다. 남편 마음, 아내 마음, 부모 마음, 집사 마음, 장로 마음, 목사 마음으로는 주님 뜻대로 살 수 없습니다. 주님의 마음으로 살아야 주님 뜻대로 살 수 있습니다. 그러려면 마음을 열고 살아야 합니다.

마음을 열면 마음이 지켜진다

우리가 마음을 열고 살아갈 수 있도록 가장 큰 도움을 주는 것이 바로 예수동행일기입니다.

14일 동영상 강의
qrs.ly/sybqo3r
예수동행일기 쓰기 **www.jwj.kr**

묵상 질문

Q. 마음을 열어야 할 부분과 현재 마음의 상태를 적어보십시오.

\# WEEK 3

마음을 열면 마음이 지켜진다

동행일기 쓰기 WRITING   동행일기 읽기 READING   동행일기 나누기 SHARING

15일
나눔방

예수동행일기 나눔방이란

매일 예수동행일기를 함께 나누는 소그룹 공동체를 말합니다. 각자의 일기를 모두에게 공개하는 것이 아니라, 서로 신뢰할 수 있는 소수의 사람들이 모여 나눔방을 만들고 그 안에서 일기를 나누는 것입니다. 닫힌 나눔방으로 운영되기 때문에 나눔방은 안전한 공동체입니다.

처음에는 자신의 일기를 다른 사람들과 나누는 일이 쉽지 않지만, 나눔방을 통해 누리는 유익과 은혜가 혼자 쓸 때보다 훨씬 많기 때문에 주님과 동행하려는 이들은 꼭 나눔방에 가입하여 일기를 쓰고 같이 나누도록 권면합니다. 각자 자신의 일기를 나눔방에 올리고, 그 일기를 읽게 되는 다른 지체들은 아멘이나 댓글로 화답하게 됩니다. 일기를 통해 자신의 마음과 삶을 내어놓기 때문에 매일 만나지 않아도 같이 사는 것처럼 깊은 영적 교제를 나누는 관계가 이루어집니다.

많은 사람이 일기를 공유하면 남의 눈을 의식하는 '나눔용' 일기가 되

지 않을까를 염려합니다. 아무래도 다른 사람의 눈을 의식하지 않을 수는 없을 것입니다. 그러나 이 점을 잘 이용하면 눈에 보이는 사람들을 의식하는 일을 통해 눈에 보이지 않는 주님을 어떻게 의식하게 되는지 깨닫게 됩니다. 주님을 바라보고자 하는 마음에 정직하게 반응하다 보면 더 이상 자신을 포장하거나 나눔용 일기를 쓰는 일이 의미 없게 여겨질 것입니다. 나눔용 일기 쓰는 것을 그만두던지 일기 쓰는 것 자체를 그만두던지 하게 됩니다.

나눔방의 목적은

히브리서 3장 13절에서 "오직 오늘이라 일컫는 동안에 매일 피차 권면하여 너희 중에 누구든지 죄의 유혹으로 완고하게 되지 않도록 하라"고 말씀하신 대로 '매일', '피차', '서로' 권면하여 완고하게 되지 않도록 하기 위함입니다.

하나님께서 이스라엘 백성들을 보실 때마다 탄식하셨던 것은 이스라엘 백성들의 마음이 완고하여 하나님을 거역하고 늘 마귀의 미혹에 무너지는 것이었습니다.

> … 너희 마음을 완고하게 하지 말라
> … 그들이 항상 마음이 미혹되어 내 길을 알지 못하는도다 히브리서 3:8, 10

마음이 완고해지면 미혹되어 주의 길을 알지 못하게 됩니다. 그래서 하나님께서 계획하신 것이 하나님의 택한 백성의 마음에 성령 하나님을 보내주시는 것이었습니다.

또 새 영을 너희 속에 두고 새 마음을 너희에게 주되 너희 육신에서 굳은 마음을
제거하고 부드러운 마음을 줄 것이며 에스겔 36:26

부드러운 마음이란 하나님의 말씀에 부드럽게 반응하여, 말씀대로 살고 싶고, 말씀대로 사는 것이 기쁨이 되는 상태를 말합니다. 우리의 본성은 하나님의 말씀에 부드럽게 반응하지 않습니다. 주님과 동행을 갈망하는 마음은 거짓이 아니지만, 한편으로는 '나 좀 내버려 둬.'라고 말하고 싶은 마음도 있습니다. 원한다고 저절로 마음이 지켜지는 게 아닙니다. 마음 지키기가 힘들기 때문에 항상 주님과 함께해야 합니다.

우리의 마음은 부드러운 마음이 되었다가도 너무 쉽게 다시 굳어집니다. 마음을 일부러 완고하게 만들어서가 아니라 그냥 내버려두면 굳어집니다. 마음은 한번 굳어지면 스스로 회복하기가 정말 힘들기 때문에 마음이 굳어지지 않도록 함께하자는 것입니다. 이것이 예수동행일기를 쓸 때, 우리가 나눔방을 통하여 서로 격려하고 도와주는 이유입니다. 혼자서는 마음 지키기가 힘들기 때문에 함께해야 합니다.

한 사람이면 패하겠거니와 두 사람이면 맞설 수 있나니 세 겹 줄은 쉽게 끊어지지
아니하느니라 전도서 4:12

예수동행일기는 근본적으로 주님과 교제하는 도구이지만 성도들과의 나눔을 통해 주님과의 교제를 더 풍성하게 지속적으로 누릴 수 있습니다.

15일 동영상 강의
qrs.ly/gfbqo3v
예수동행일기 쓰기 www.jwj.kr

102   예수동행일기

묵상 질문

Q. 나에게는 영적으로 신뢰할 수 있는 그룹이 있습니까? 영적 나눔을 통하여
신뢰할 수 있는 그룹이 형성됩니다. 먼저 용기를 내어 나눔방을 만들고, 그
나눔방에서 서로를 격려하고 교제하겠다는 결단을 하십시오.

Q. 일기 쓰기가 어려우면 먼저 나눔방 지체들의 일기에 댓글을 다는 것부터 시
작해보십시오. 나에게 격려가 되는 말은 어떤 댓글입니까? 여기에 적어보십
시오. 이것을 참고해서 나눔방원의 일기에 댓글을 달아보십시오.

리딩 데이

1. 믿음의 선진 일기

데이비드 브레이너드 일기 – 1744. 7. 1.

인디언들에게로 갔는데 내 마음이 혼란스러웠고 지난 며칠 동안 내 영혼이 누리며 위로를 얻었던 하나님을 의지하는 감미로움을 하나도 느끼지 못했다. 오전 내내 이런 상태로 보냈고, 인디언들에게 마음을 쏟지 못한 채 설교했다. 오후에 설교를 시작할 때도 여전히 메마른 느낌이었고, 한 시간 반 정도를 그런 상태에 있었다. 내가 아무것도 모르고 또한 인디언들에게도 아무 할 말이 없는 것 같았다.

그러나 금방 내 속에서 가련한 인디언들에게 말씀을 전할 사랑의 심령과 뜨거움과 능력을 느꼈고, 하나님의 도우심으로 그들에게 "이교도의 모든 헛된 것들을 버리고 살아 계신 하나님께로 돌이킬 것"을 간청하였다. 주께서 그들의 양심을 만지셨다고 믿는다. 그들이 그렇게 집중을 하는 것을 본 일이 없으니 말이다.

그들에게서 돌아오는 길에 나의 거처까지 3마일을 말을 달려오는

시간 내내 하나님께 기도와 찬송을 드리며 보냈다. 2마일 정도를 달려온 후 나 자신을 하나님께 다시 헌신해야겠다는 생각이 들어서 지극히 엄숙하게 그 일을 행했는데 말할 수 없는 만족을 누렸다.

특히 전도 사역에서 나 자신을 그분에게 새롭게 포기하였다. 내가 이렇게 하게 된 것은 한 치의 예외도 없이 전적으로 하나님의 은혜로 말미암은 것이다. 이 위대하고도 복된 일에 그 어떠한 어려움이 끼어든다 해도 조금도 움츠러들지 않으리라 소망해본다. 이렇게 나 자신을 드리면서 지극히 자유롭고 즐겁고 충만한 느낌이 들었다. 나의 영혼 전체가 외쳤다.

"주여, 주께 나 자신을 드리나이다. 오오, 나를 받아주시고 나로 영원토록 주의 것이 되게 하옵소서. 주여, 아무것도 달리 바라지 않습니다. 더 이상 바랄 것이 없습니다. 오오, 주여 오소서, 불쌍한 벌레를 받아주옵소서."

선교사인 나의 구체적인 사역을 마음으로 즐거워했다. 여러 면에서 자신을 부인해야 할 필연성이 내게 있다는 것에 대해서도 즐거워했고, 또한 여전히 계속해서 나 자신을 하나님께 포기하여 드리며, 그에게 긍휼을 간구하고, 순간마다 감미로운 열정으로 끊임없이 기도하였다.[5]

2. 성도의 예수동행일기

동생과 동생 지인이 우리 집에서 편하게 묵고 있습니다. 예고도 없

이 찾아오더니 3일째네요. 무엇보다 마음을 지켜내는 데 힘들었습니다. 동생 지인은 술을 먹기도 하고 둘이 오면서부터 방안을 어지럽히고, 새벽 3시가 넘도록 TV볼륨을 크게 키우고 웃고 시끄럽게 하고.

첫날에는 동생의 무례한 행동에 원망과 섭섭함으로 여러 가지 불평이 나왔는데 하나님께로 오지 않는 감정들이기에 침대에서 무릎 꿇고 회개 기도하며 불편했던 마음에 대해 하나님께 용서를 구했습니다. 하나님 안에서 다시 회복되니 감사와 기쁨이 넘쳤습니다.

하지만 어제 밤늦게 들어와 냉장고를 열어본 순간, 여러 가지 채소로 인해 흙으로 더럽혀진 냉장고를 보고는 지켰던 마음이 다시 무너져버렸습니다. 동생과 약간의 언쟁이 있었는데 그걸 통하여 나를 생각하는 동생의 여러 가지 속 깊은 뜻을 알게 되어 화해하며 속상한 감정들을 풀어버릴 수 있었습니다.

아침에 출근하는데 '안아주고 사랑한다고 고백하라.'는 주님의 감동을 어색해서 그냥 무시하고 나와 버렸는데 계속해서 마음이 불편했습니다. 지하철 안에서 장문의 문자를 쓰며 사랑한다는 말을 하니 그때서야 마음이 편해지는 게 역시 주님께서도 근심하셨나 봅니다.

주님, 용서하소서. 주님, 마음을 빼앗겼던 연약한 마음을 회개합니다. 삶에 아주 작은 순간까지도 주님께 눈을 돌리게 하시고, 주님의 마음을 품어 모든 소욕의 비움과 낮아짐의 삶으로 인도하소서. 이 땅에 예수님께서 섬김을 받으러 오신 것이 아니라 섬기러 오셨듯이 주님의 마음으로 섬기고 용서하며 관용을 베푸는 주님의 사랑을 흘려보내는 복된 날로 인도하소서.

주님, 사랑합니다.

3. 주님과 동행한 순간 찾기

일주일간 쓴 자신의 일기를 다시 읽으며 예수님과 동행했던 순간을 찾아 적어 보십시오.

| 첫 번째 일기 | 년   월   일

제목 :

| 두 번째 일기 | 년   월   일

제목 :

4. 감사 제목 찾기

일주일간 쓴 자신의 일기를 다시 읽으며 예수님께서 주신 은혜에 대한 감사를
적어보십시오.

1)

2)

3)

4)

5)

6)

7)

8)

9)

10)

동행일기 쓰기 WRITING　　　동행일기 읽기 READING　　　**동행일기 나누기 SHARING**

WEEK 3

나눔방 모임

1. 마음 열기

지난 한 주간 가장 인상 깊게 읽었던 일기는 누구의 것입니까? 그 이유를 나누십시오.

2. 예수동행 점검

내가 적은 댓글을 점검해 보고 나누십시오.

1) 내가 생각하는 댓글의 의미는 무엇입니까?

2) 내가 가장 보고 싶은 댓글은 무엇입니까?

나눔방 모임　　　　　　　　　　　　　　　　　　　　　　　　　　　109

3) 내가 가장 보기 싫은 댓글은 무엇입니까?

4) 주님께서 내게 댓글을 달아주신다면 어떤 내용이겠습니까?

5) 주님의 마음으로 다른 사람에게 댓글을 단다면 어떤 내용을 쓰겠습니까?

3. 예수동행일기 실습(순종일기)

아래 가이드에 따라 일기를 써보십시오. 일기를 다 쓴 후에는 돌아가면서 자신
이 쓴 일기를 읽도록 합니다(단, 이미 일기를 모두 쓰고 있는 경우에는 바로 일기를 읽
고 나눕니다).

1. 아침에 일어났을 때, 식사할 때, 예수님을 생각했습니까? 하루 중 예수님이 생각났을
   때는 언제였습니까?

2. 성경 통독과 Q.T를 통해, 주님이 나에게 오늘 하신 말씀은 무엇이었습니까?

3. 오늘 주님이 나에게 주신 메시지는 무엇이었습니까? 예수님께서 하라고 지시하시는
   것 같아 순종한 것은 무엇입니까?

4. 오늘 주신 말씀 중에 불순종한 것은 무엇입니까?

5. 하나님이 하셨다고 고백할 감사기도를 3가지 이상 적으십시오.

4. 주제 나눔

1) 마음을 여는 일의 유익을 알면서도 마음을 열 때 가장 큰 장애는 무엇입니까?

2) 예수동행일기를 꾸준히 쓰기 위해 서로에게 필요한 격려는 무엇입니까?

예 수 동 행 일 기 앱 설 명 ③

예수동행일기 나눔방은 무엇인가요?

예수동행일기를 같이 나누는 소그룹을 '나눔방'이라고 부릅니다. 나
눔방은 함께 예수님을 바라보는 훈련을 하는 사람들의 모임입니다.
이 영상에서는 이 나눔방에 관련된 다양한 기능을 소개합니다. 나눔방을 가입 또는
탈퇴하는 방법, 새로운 친목 나눔방을 만드는 방법 등을 알 수 있습니다. 가족, 친구,
동역자들과 함께 나눔방을 만들어 예수님과 함께하는 소그룹을 만들어보세요.

예 수 동 행 일 기 Q & A

Q. 예수동행일기를 쓰기 시작하고 얼마나 지나야 24시간 예수님을 바라보는 것이 가능할 수 있습니까?

A. '24시간 예수님을 바라보자!'는 것은 구호적인 성격이 있습니다. "오직 예수! 오직 기도! 오직 믿음!" 이런 표현처럼 사용하는 것입니다. 그렇지만 예수님을 24시간 바라보라고 하는 것은 주님께서 나와 함께 계신 것에 대한 믿음, 즉 믿으려고 하는 것이 아니라 믿어지는 믿음을 말합니다. '예수님이 나와 함께 계신다.' 이것이 정말 믿어지는 상태가 24시간 예수님을 바라보고 있는 것입니다.

Q. 예수님을 의식하라고 해서 예수님을 부르고 생각하기를 반복합니다. 그런데 문득 '세뇌시키는 건가?' 하는 생각이 들었습니다. 예수님을 바라보는 눈이 열린다는 것은 무엇을 의미합니까?

A. 입양한 고아가 한 명 있습니다. 그 아이는 더 이상 고아가 아닙니다. 우리 집의 아들이고, 딸입니다. 그런데 이 아이는 아직 엄마, 아빠라고 믿어지지 않는 것입니다. 그럴 때 그 아이에게 "나는 너의 아빠야. 나는 너의 엄마란다. 너는 우리의 아들이고, 딸이야. 너는 꼭 그렇게 생각해야 해. 정말 믿어야 해."라고 한다면 이렇게 말하는 것을 세뇌라고 표현할 수는 없습니다. 믿음을 갖게 해주는 것입니다. 올바른 생각을 갖도록 도와주는 것입니다.

누구나 처음부터 명확하게 주님의 음성을 듣는 것은 아닙니다. 그것이 마음의 생각이라고 해도 그렇습니다. 처음에는 누구나 어설픈 단계를 지나가게 됩니다. 그런데 이 어설픈 단계를 지나면서 '난, 안 되나 봐.' 하고 포기하면 그는 영원히 어설픈 단계에서 벗어나지 못하게 됩니다. 우리 안에 성령께서 계시고, 주님이 나를 깨우치시고 말씀하시는 것이 처음에는 굉장히 어설프게 보여도 주님이 하시는 것이 맞습니다. 내가 그것을 분별하지 못하는 것뿐입니다. 그러니까 그 단계를 지나가는 것을 절대로 작게 여기지 말고, 포기하지 않기를 바랍니다.

예수님과 행복한 동행

4주차 / Week 4

| Day 16 | 나를 주저하게 하는 여러 가지 질문들

| Day 17 | 나눔방의 유익

| Day 18 | 성령의 열매를 맺는 예수님과 동행

| Day 19 | 예수님과 동행하는 삶에 일어나는 변화 1

| Day 20 | 예수님과 동행하는 삶에 일어나는 변화 2

리딩 데이 | 나눔방 모임

예수동행일기 앱 설명 ④ | 예수동행일기 Q&A

동행일기 쓰기 **WRITING**   동행일기 읽기 READING   동행일기 나누기 SHARING

 # 16일

나를 주저하게 하는 여러 가지 질문들

1. 노력해서 성화가 되는 게 아니라면 예수동행일기 훈련은 왜 하는 것입니까?

우리는 훈련으로 성화되는 존재가 아닙니다. 주님과 연합되어 있을 때에만 거룩합니다. 언제라도 주님과의 연합이 깨어지면 자아의 본성이 그대로 드러납니다.

내 몸에 좋은 음식이 입에도 좋게 여겨지는 체질 개선이 건강을 위해서 필요하듯이 예수동행일기를 통하여 주님이 역사하실 수 있는 영적 체질 개선을 하는 것입니다.

세상의 가치에 익숙해진 마음이 주님과 동행하는 기쁨을 알게 되기까지 체질 개선의 노력과 시간이 필요합니다. 그러면 내게 유익한 일이 좋아지고 내게 무익한 일들이 싫어지게 됩니다. 또한 주님과 동행하는 삶이 익숙하게 되고, 넘어져도 금방 다시 일어나게 됩니다.

2. 다른 사람과 나누기에는 너무 평범한 일상이라 나눌 게 없는데 어떻게 합니까?

주님의 빛이 비추면 모든 일상이 새로워집니다. 사랑하는 사람과는 차한 잔 함께하는 작은 일상도 행복한 일이 되는 것과 마찬가지입니다. 일기는 평범한 일상을 주님의 빛으로 조명해 보고, 주님의 마음으로 내 삶을 보기 때문에 별일 없는 평범한 일상이 감격 넘치는 놀라운 날들이 됩니다.

3. 너무 바빠서 일기를 쓸 시간이 없는데 어떻게 합니까?

예수동행일기는 장소나 시간에 구애받지 않고 스마트폰 앱을 이용하여 편리하게 쓸 수 있습니다. 바쁜 일상 중에 잠시 시간을 구별하여 주님께 마음을 드리는 작은 순종이 곧 예수동행입니다.

지하철을 타고 출근할 때, 잠시 대기하고 기다리는 시간이 있을 때, 기사나 스포츠나 드라마를 검색하는 대신 칼럼을 읽고 다른 지체의 일기를 읽고 댓글을 달면 일상의 자투리 시간을 소중한 은혜의 시간으로 바꿀 수 있습니다.

4. 일기를 쓰는 것은 고학력의 교인들이나 할 수 있는 일이 아닙니까?

아무래도 글을 많이 써본 사람이 글을 잘 쓸 것입니다. 그러나 일기는 주님이 주시는 은혜를 담는 그릇일 뿐이고 초점은 주님이시기에 수려한 문장보다는 진심을 담은 투박한 단어 하나, 문장 하나도 훌륭한 일기가 됩니다.

5. 일기를 솔직히 쓴다고 할 때 어디까지 오픈해야 합니까?

예수동행일기는 생활 일기가 아닙니다. 하루 동안 있었던 모든 일을 다 기록해야 하는 것도 아닙니다. 그러나 오픈하고 싶지 않는 것이 있다면 그 이유가 무엇인지 살펴보고 그 문제가 자신의 영적 장애물은 아닌지 먼저 점검할 수 있어야 합니다.

만약 다른 사람과 관련된 문제라면 구체적으로 언급하지 않는 것이 덕을 세우는 일입니다. 일기에 쓰지 않았어도 주님을 바라보며 주님의 다스리심을 받았기에 영적으로는 승리한 하루가 됩니다.

6. 정말 쓰기 싫은 날은 어떻게 합니까? 억지로라도 써야 합니까?

"오늘은 정말 일기 쓰기가 싫다." 이렇게만 써도 쓰지 않은 것과는 엄청난 차이가 있습니다. 한 줄 일기밖에 쓸 수 없어도 영적으로는 승리한 것입니다.

많은 분이 일기 나눔을 통하여 자신의 실패한 삶이 드러나는 것을 부끄러워합니다. 그러나 실패한 것을 예수동행일기에 기록한 것은 실패가 아니라 빛 앞에 자신의 연약함을 드러냄으로 마귀의 지배에서 벗어나 승리한 것입니다.

16일 동영상 강의
qrs.ly/51bqo3y
예수동행일기 쓰기 **www.jwj.kr**

묵상 질문

Q. 일기를 쓰기 시작했다면 생활 일기를 쓰고 있는지 주님을 의식하는 일기를
쓰고 있는지 점검해 보십시오.

Q. 일기에는 쓰지 못했지만 마음에 걸리는 부분이 있다면 스스로에게 질문하십
시오. 정직하지 못해서 못 쓴 것입니까? 아니면 공동체의 덕을 세우기 위해
서 안 쓴 것입니까?

동행일기 쓰기 WRITING   동행일기 읽기 READING   동행일기 나누기 SHARING

17일
나눔방의 유익

1. 예수동행일기를 지속적으로 쓰게 됩니다.

함께하는 일은 혼자할 때보다 더 지속력이 있습니다. 나눔방 지체들을 의식해서라도 거르지 않게 됩니다.

2. 함께함으로 더 깊은 영적 성장을 이루게 되고, 자신의 영적 상태를 객관적으로 볼 수 있게 됩니다.

누구도 하나님의 뜻을 다 알 수 없습니다. 다른 지체들의 일기를 통해 내가 받은 은혜와 다른 각도에서 조명해 볼 수 있게 됩니다. 각자 받은 은혜가 모여 무지개처럼 주의 아름다운 뜻을 드러냅니다. 또한 다른 사람의 하루를 자신을 비춰보는 거울로 삼을 수 있게 됩니다.

3. 우리가 다른 사람의 예수동행일기에 댓글을 다는 것은 매우 중요한 섬김입니다.

나눔방의 댓글은 영적 심방입니다. 명심할 것은 댓글을 달 때 훈계하

120   예수동행일기

거나 충고하거나 평가하거나 가르치려고 하면 안 된다는 것입니다. 오직 주님은 뭐라고 말씀하시고 싶을까를 생각하며 격려하고, 사랑하는 마음으로 받은 은혜에 대해 간단히 언급하는 것만으로도 충분합니다.

인터넷상의 악성댓글로 인해 자살하는 연예인들의 기사를 봅니다. 댓글로 한 영혼을 죽일 수 있다면, 주님의 마음을 담은 사랑의 댓글이 한 영혼을 살릴 수 있습니다.

4. 마음을 가꾸듯이 나눔방도 가꿔야 주님이 역사하시는 도구가 됩니다.

서로가 넘어질 때 붙잡아주고, 침체되었을 때 기다려주며 돌보는 역할을 감당하면 주님이 나눔방을 통해 놀랍게 역사하십니다.

5. 나눔방은 진정한 코이노니아가 있는 교회를 세워가게 합니다.

나눔방은 작은 교회입니다. 마음 깊은 곳을 나누고, 서로를 돌아보는 진정한 코이노니아가 이루어지면 나눔방 자체가 강력한 교회가 됩니다. 또한 이 나눔방들이 모여, 건강한 교회를 세우게 됩니다. 마치 몸의 세포가 살아 있고 건강하면 온몸이 건강한 것과 같습니다. 꼭 한집에서 같이 살지 않아도 나눔방을 통해 초대교회와 같은 강력한 영적인 공동체를 이룰 수 있습니다.

'교회는 그리스도의 몸'이라는 진리가 나눔방을 통해서 누려지고, 그 영적 영향력이 교회로 확산되는 것입니다. 예수님께 마음을 열듯이 서로에게 마음을 열면 성령께서 교통하심으로 한 몸이 되는 것입니다.

곧 내가 그들 안에 있고 아버지께서 내 안에 계시어 그들로 온전함을 이루어

나눔방의 유익   121

하나가 되게 하려 함은 아버지께서 나를 보내신 것과 또 나를 사랑하심 같이

그들도 사랑하신 것을 세상으로 알게 하려 함이로소이다 요한복음 17:23

우리가 주님과 연합되어 있다면 주 안에서 다른 성도들과도 연합하게
됩니다. 혼자서는 쉽게 쓰러질 수밖에 없지만 서로 연합하여 하나가 되
면, 우리의 믿음을 지킬 수 있을 뿐 아니라 요한복음 17장의 예수님의
기도대로 "성도의 하나됨을 통해 세상이 하나님의 영광을 보는 그 교회"
가 이루어질 것입니다.

17일 동영상 강의
qrs.ly/ctbqo41
예수동행일기 쓰기 www.jwj.kr

묵상 질문

Q. 교회가 그리스도의 몸이라는 진리를 나는 믿고 있습니까?

Q. 한 몸의 공동체를 이루기 위해서 어떤 순종을 하고 있습니까?

Q. 나눔방을 통해서 누리는 은혜는 무엇입니까?

나눔방의 유익

동행일기 쓰기 WRITING   동행일기 읽기 READING   동행일기 나누기 SHARING

18일
성령의 열매를 맺는 예수님과 동행

사람은 정말 변할 수 있을까요? 우리의 경험은 변하지 않는다고 말합니다. 누구나 자기 자신의 변화에 대한 좌절이 있기 때문입니다. 그런데 예수동행일기를 쓰면서 저는 환희와 같이 답을 얻었습니다. '사람은 변할 수 있다!'는 것입니다. 그래서 저는 예수동행일기에 '삶 뒤집기 프로젝트'라는 이름을 붙였습니다.

사람의 변화는 성령의 열매와 관련이 있습니다. 성령의 열매는 예수님 안에서 누리는 생명의 결과입니다. 성령을 따라 살면서 맺어지는 성령의 열매가 곧 삶의 변화인 것입니다.

우리가 24시간 예수님을 바라보며 예수동행일기를 쓰는 것은 성령의 열매를 맺기 위함입니다. '주님께 붙어있었더니 열매가 맺어지더라!'는 고백을 드리기 위함입니다.

많은 사람이 성령의 은사에 대하여는 사모하고 열망하지만 성령의 열매에 대하여는 별로 관심이 없습니다. 성령의 은사가 정말 귀한 하나님

124   예수동행일기

의 선물이지만, 은사가 크게 드러난다고 해서 그가 꼭 하나님의 사람이라는 증거는 아닙니다. 성령의 열매를 맺는 사람만이 진정 거듭난 자요, 예수님의 사람입니다.

우리는 성령의 열매로 인해 말씀대로 살게 되는 것입니다. 성령의 열매란 노력으로 맺어지지 않는다는 뜻입니다. 사랑하려고 노력하고, 기뻐하려고 노력하고, 의롭게 살려고 노력할수록 더 좌절하고 맙니다. 그것은 사랑과 기쁨과 의로운 삶이 우리의 열매가 아니라는 증거입니다.

영국의 복음전도자 로이 헷숀(Roy Hession)은 "성령 충만은 우리의 신실함에 대한 하나님의 보상이 아니라, 우리의 패배에 대한 하나님의 선물이다."《지금 충만을 받으라》(CLC)라고 말했습니다.

성령의 열매는 우리가 추구해야 할 목표들이 아닙니다. 열매 맺는 분은 성령이십니다. 우리가 하는 일은 예수님을 마음에 모시고 사는 것뿐입니다. 24시간 예수님을 바라보면서 순종하면 성령의 열매는 저절로 맺히는 것입니다

나는 포도나무요 너희는 가지라 그가 내 안에, 내가 그 안에 거하면 사람이

열매를 많이 맺나니 나를 떠나서는 너희가 아무 것도 할 수 없음이라 요한복음 15:5

당신 안에서 맺고 있는 성령의 열매를 주목하기 바랍니다. 그것이 아주 작아도 열매는 열매인 것입니다. 그러므로 작은 변화라도 성령의 열매가 맺어지고 있음을 주목해야 합니다. 성령의 열매가 노력해서 맺어지는 것이 아니지만 막연히 기다리기만 한다고 맺어지는 것도 아닙니다.

예수님을 마음에 왕으로 모시고 항상 예수님을 바라볼 때 맺어지는

것입니다. 주님이 이 열매를 맺으시도록 자신을 내어드려 순종하는 것이 필요합니다. 그러면 그 순종을 통해 열매가 맺히고 또한 그 열매를 통해 다시 순종할 힘을 얻게 됩니다.

18일 동영상 강의
qrs.ly/slbqo44
예수동행일기 쓰기 www.jwj.kr

묵상 질문

Q. 성령의 열매를 맺으려고 노력해 보았습니까? 열매가 맺혔습니까? 아니라면
주님과의 철저한 동행을 통해 성령의 열매 맺기를 갈망합니까? 그 마음을 기
도로 써보십시오.

성령의 열매를 맺는 예수님과 동행

동행일기 쓰기 **WRITING**　　　동행일기 읽기 **READING**　　　동행일기 나누기 **SHARING**

19일

예수님과 동행하는 삶에 일어나는 변화 1

성령의 열매로 드러나는 삶의 변화는 예수님과의 친밀하고도 꾸준한 동행과 순종을 통해 주님이 맺으시는 열매입니다.

1. 주님과 동행하면 주님과 친밀해집니다.

로렌스 형제는 《하나님 임재연습》에서, "어떤 사람과 시간을 많이 보내야 친해지고 친해져야 사랑하게 된다."고 했습니다.

우리가 다 주님을 사랑한다고 말합니다. 그러나 그 사랑에 힘이 없는 것은 주님과 친밀한 관계가 없기 때문입니다. 마치 부부의 친밀함이 친하고 안 친하고의 문제가 아니라 관계의 생명을 말하듯이 주님과의 친밀함도 영적 생명의 문제입니다.

2. 24시간 예수님과 동행하는 삶의 핵심은 '날마다'입니다.

변화의 열매, 영적인 성장은 지속성과 관계가 있습니다. 예수동행일기

는 쓴 횟수가 중요한 것이 아니라 꾸준히 쓰는 것이 중요합니다.

Q.T 나눔, 예수동행일기 나눔방, 작정기도, 특별새벽기도 등은 모두 서로 붙잡아주면서 함께 가기 위해 하는 것입니다. 예수동행일기를 매일 쓰는 것은 영적인 침체를 하루를 넘기지 않고 극복한다는 뜻이기도 합니다. 일기를 나눔방 식구들과 같이 쓰게 되면, 다른 사람을 의식해서라도 빠지지 않고 쓰게 되고, 그것이 꾸준함을 이루게 됩니다.

다니엘은 위협을 받으면서 "전에 하던 대로"(다니엘 6:10) 기도하기를 중단하지 않았습니다. 예레미야 선지자도 "여호와의 인자와 긍휼이 … 아침마다 새롭다"(예레미야애가 3:22-23)고 하였습니다.

우리의 일상은 별 것이 없습니다. 예수동행일기를 써보면 매일이 볼품 없습니다. 넘어지고 깨지고 자빠지는 이야기들뿐인 것 같습니다.

그런데 볼품없는 일상을 일기를 통해 빛 가운데로 꺼내놓으면 주님이 그 일상을 통해 역사하십니다. 하루는 아무것도 아닌 것 같아도, 작은 차이가 날마다 지속되면 큰 차이가 됩니다.

19일 동영상 강의
qrs.ly/9nbqo48
예수동행일기 쓰기 www.jwj.kr

묵상 질문

Q. 오늘 하루를 보내면서 주님의 음성이라고 여겨졌던 것을 적어보십시오.

Q. 한 주간 동안 어떻게 지냈습니까? 매일 주님이 말씀하신다고 여겨지는 생각
   이 늘어나고 있습니까? 주님의 음성은 육성으로 듣는 것이 아니지만 매일 성
   경 말씀으로, 기도 중에 생각으로 말씀하십니다. 그 기록이 늘어난다면 주님
   과의 친밀함도 커지고 있다는 증거입니다.

동행일기 쓰기 WRITING   동행일기 읽기 READING   동행일기 나누기 SHARING

WEEK 4

 # 20일
예수님과 동행하는 삶에 일어나는 변화 2

3. 일상의 거룩함입니다.

예수동행일기를 쓰면서 주님을 바라보면, 늘 넘어지는 문제에서 일어날 힘을 얻게 됩니다. 마음을 온갖 쓰레기로 가득 채워놓고, 그 속에서 주님과 교제를 나눌 수는 없습니다. 그러므로 주님과 행복한 동행을 위해서는 마음을 정리하고, 모든 더러운 것을 청소한 후 그것들이 다시 들어오지 못하도록 파수해야 합니다.

무슨 일을 하든지 … 주께 하듯 하고 **골로새서 3:23**

예수동행일기를 같이 쓰면서 성도들의 변화된 고백을 듣습니다. 극적인 간증은 없지만 일상에서 살림을 잘하게 되었고, 직장생활을 성실히 하게 되었다고 이구동성으로 말합니다. 사람에 대해서도 마찬가지입니다. 일상의 거룩이 없는 거룩은 외식이 될 수밖에 없습니다.

예수님과 동행하는 삶에 일어나는 변화 2   131

4. 예수동행일기는 순종일기입니다.

예수동행일기를 통해 주님을 바라보는 일은 주님과 친밀하게 동행하는 것으로 끝나지 않습니다. 주님과 친밀하게 동행하는 사람은 주님의 마음을 알게 되고, 주님의 계획을 향해 순종하게 됩니다. 순종은 성령의 열매를 맺고, 성령의 열매가 있는 사람은 계속 순종할 힘을 공급받습니다.

24시간 주님을 바라보는 것이 일상이 되면, 주님이 원하시는 일을 할 수 있게 됩니다. 예수님이 주인 되시는 교회는 비전 제시를 통해 이루어지는 것이 아닙니다. 매일 주님과의 관계를 통해 이루어집니다. 순종이 없으면, 24시간 주님 바라보는 것은 신비주의로 빠지게 됩니다.

나는 포도나무요 너희는 가지라 그가 내 안에, 내가 그 안에 거하면 사람이

열매를 많이 맺나니 나를 떠나서는 너희가 아무 것도 할 수 없음이라 요한복음 15:5

일기를 쓰는 데 변화가 없다면 다음을 점검하십시오.

1) 나는 날마다 주님과 동행하고 있습니까? 주님은 나에게 친밀한 분 입니까?

2) 나는 말씀과 기도의 삶을 매일 꾸준히 준행하고 있습니까?

3) 정결하고 거룩한 삶을 위해 매일 회개하는 삶을 살고 있습니까?

4) 매일 주님의 말씀에 순종하고 있습니까?

20일 동영상 강의
qrs.ly/bibqo4b

예수동행일기 쓰기 **www.jwj.kr**

묵상 질문

Q. 예수동행일기를 써도 별로 변화가 없다면 자신의 삶에 대해 앞의 네 가지를
   질문하고 점검하십시오. 일기의 목적은 매일의 삶을 점검하는 것입니다. 정직
   하게 써보십시오.

동행일기 쓰기 WRITING   동행일기 읽기 READING   동행일기 나누기 SHARING

리딩 데이

1. 믿음의 선진 일기

프랭크 루박 일기 – 1930. 4. 22.

＜하나님을 향해 자신을 열어 놓고 깨어 있으라＞

이 '실험'은 아직까지는 그리 성공적이지 못했지만 아주 흥미로운 것입니다. 내가 생각하기에 지금까지 하루의 3분의 2정도는 하나님에 대한 생각이 내 머리 속에서 떠나 있는 것 같습니다.

오늘 아침에는 신선한 출발을 했습니다. 해 돋을 무렵 하나님을 풍성히 체험한 것입니다. 그래서 나는 면도하는 동안과 옷을 입는 동안, 그리고 아침을 먹는 동안에도 하나님께서 내 손을 붙드시게 하려고 했습니다. 지금 타자기 자판을 두드리는 순간에도 하나님께서 내 손을 붙들고 계시게 하려고 노력하고 있습니다.

만일 내가 아침의 상태를 계속 유지할 수 있다면, 오늘은 다른 때보다 꽤 높은 평균치를 기록할 것입니다.

오후에는 주변의 수많은 사람들을 보면서 하나님의 관점에 대해

생각해보았습니다. 나는 하나님께서 지금까지 사람들을 위로 끌어올리신 것처럼 앞으로도 오랫동안 그 일을 계속하셔야 한다고 생각합니다. 우리는 영적 거장들의 상태에 도달하려면 아직도 멀었습니다. 여기서 선택된 자들은 자기 자신을 항상 하나님을 향해 활짝 열어놓고 늘 깨어 있는 사람들입니다. 우리의 가능성은 무한하지 않습니다. 하지만 그들은 적어도 현재 우리가 상상할 수 있는 가능성을 훨씬 뛰어넘는 자들입니다.

우리 자신을 하나님께 열어드리는 것 외에는 우리가 할 수 있는 일이 없습니다. 하나님께서는 많은 것을 가지고 계시지만 우리에게 주시는 것은 그보다 훨씬 적습니다. 그 이유는 우리가 너무 게으르고 너무 작기 때문입니다.

하나님의 생각을 열심히 추구하면서 "하나님, 만약에 내가 입을 충분히 크게 벌린다면 무엇을 넣어주시겠습니까?"라는 질문을 하는 습관을 들인다면 큰 도움이 될 것입니다. 그런 기다림, 다시 말해 그런 열렬한 자세는 하나님께 필요한 기회를 드리게 됩니다.

나는 하나님과의 교제를 계속 유지하기 위해 여러 방법들을 시도하고 있는데, 그 가운데 가장 좋은 것은 하나님의 생각을 기다리며 하나님께 말씀해달라고 구하는 것입니다.[6]

2. 성도의 예수동행일기

딸의 산후조리를 해주고 손녀와 함께 딸과 사위를 보내는 준비에

앞서, 차분히 기도하는 마음으로 말씀이신 주님을 바라보았습니다.

"주 여호와의 말씀에 본 것이 없이 자기 심령을 따라 예언하는 어리석은 선지자에게 화가 있을 진저"(에스겔 13:3).

딸 가족을 보내는데 염려가 많은 것이 내 생각의 욕심에 따른 것이 아닌지 깊이 생각하며, 딸네 가족을 섬기는 것이 힘에 부치는 것도 주님께 솔직히 고백하였습니다. 딸 부부가 아기를 키우는데 좀 힘들고 어려움이 있더라도 예비하신 참 평안이 있음을 신뢰하며 온전히 맡기는 기도를 올렸습니다.

주님의 사랑을 알기 전에는 남들 보기에는 삶이 지극히 평안해 보였지만 실제 내면에는 참 평강이 무엇인지도 모르고 그저 내 생각의 느낌이나 감정인 가짜 평안에 나 자신도 속고 산 것 같다는 생각이 듭니다. 일기를 쓰며 주님과 친밀한 관계를 갖게 되면서 주님으로 내 안에 참 평안을 누리는 실제를 체험하고 있어서 감사합니다.

딸을 보내고 갑자기 썰렁해진 집안에 마음이 허전해 남편과 함께 해가 넘어간 늦은 시간 뒷산으로 산책에 나섰습니다. 길가에 은행잎이 떨어져 바람에 휘날려 가을이 지나가는 쓸쓸함이 밀려오지만, 바로 헛된 감정을 버리고 기쁜 찬양을 부르며 주님이 주시는 참 평안으로 기쁘게 돌아내려올 수 있었습니다.

산책 다녀온 것이 무리가 되었는지 밤새 몸이 편치 않았습니다. 이제는 육신의 소욕대로 살면 탈이 나는 것을 체험하면서 소소한 일상도 주님께 묻고 주님을 의식하며 행해야 온전한 평안을 누릴 수 있을 것 같습니다.

"너 인자야 너의 백성 중 자기 마음대로 예언하는 여자들에게 경

고하며 예언하여"(에스겔 13:17).

자기 마음대로 예언하는 자들에게 경고하는 말씀을 묵상하며 우리의 경험과 느낌을 강조하는 것이 아니라 하나님의 말씀과 뜻에 따라 진리를 바로 전해야 한다는 리더 훈련 강의와 교훈이 떠올랐습니다. "오직 주님과 연합의 은혜를 놓치지 말라."는 말씀으로 들려 주님과 연합을 기도하며 휴식을 취했습니다.

손녀가 집으로 돌아가 잠투정 없이 첫날밤을 잘 지냈다고 하여 감사합니다. 예수동행일기를 쓰며 인생 후반기에 참 평안을 알게 하시고 누리게 된 것이 감사합니다. 온종일 주님과 연합을 갈망하며 몸과 마음이 회복된 것도 감사합니다.

3. 주님과 동행한 순간 찾기

일주일간 쓴 자신의 일기를 다시 읽으며 예수님과 동행했던 순간을 찾아 적어 보십시오.

| 첫 번째 일기 | 년   월   일

제 목 :

| 두 번째 일기 | 년   월   일

제 목 :

4. 감사 제목 찾기

일주일간 쓴 자신의 일기를 다시 읽으며 예수님께서 주신 은혜에 대한 감사를 적어보십시오.

1)

2)

3)

4)

5)

6)

7)

8)

9)

10)

리딩 데이

동행일기 쓰기 WRITING   동행일기 읽기 READING   **동행일기 나누기 SHARING**

나눔방 모임

1. 마음 열기

자신의 예수동행일기에 달린 댓글 가운데 가장 기억에 남는 댓글을 소개하고,
댓글의 유익을 나누십시오.

2 예수동행 점검

나의 삶에서 변화되고 있다고 생각되는 부분을 점검하고 나누십시오.

1) 개인 경건의 삶에서 :

2) 가정에서 :

3) 교회에서 :

4) 직장에서 :

5) 하나님과의 관계에서 :

6) 타인과의 관계에서 :

3. 주제 나눔

1) 예수동행일기를 나눔방에서 함께 나누면서 경험하는 유익은 어떤 것입니까?
   만약 어려움이 있었다면 어떤 것입니까?

2) 예수동행일기를 쓰면서 주목할 만한 삶의 변화가 일어났다면 무엇입니까?

예수동행일기 앱 설명 ④

나만의 일기장에 어떤 기능이 있나요?

내가 쓴 동행일기만 모아서 볼 수 있는 '일기장' 기능에 관해 설명합니다. 이 기능을 통해 예수님과 동행해온 지난 기록을 다시 볼 수 있고, 따로 파일로 저장할 수도 있습니다.

쓰고 있는 일기나 이미 쓴 일기를 공개, 또는 비공개로 설정하는 방법도 자세히 안내합니다. 내가 쓴 일기가 나눔방에 보이지 않는다면 이 설명을 참고하세요.

예 수 동 행 일 기   Q & A

Q. 예수동행일기를 쓰면서 자꾸 저의 일기를 읽는 사람들이 의식되어 일기 쓰는 것이 자유롭지 못합니다. 또 댓글을 달 때 칭찬과 격려의 말만 해야 합니까?

A. 어떻게 하면 '일기를 지속적으로 쓰면서 주님과 동행하는 삶을 살 수 있을까?'를 고민하다가 두 사람이라도 함께하면, 지속적으로 쓸 수 있다는 것을 알았습니다. 함께 나눌 때의 유익은 서로에게 격려가 되고, 함께 쓰기 때문에 계속 쓸 힘을 얻게 됩니다.

또한 나눔방의 다른 분들이 나의 아멘과 댓글을 통하여 큰 힘을 얻는다는 것을 잘 알 필요가 있습니다. 댓글을 남길 때는 상대방이 계속해서 일기를 쓸 수 있도록 도와주기 위한 기능임을 잊지 말고, 격려와 칭찬의 댓글을 달아주어야 합니다. 지적을 하거나 가르치는 것은 금물입니다. 만일 지적하거나 가르치고 싶은 마음이 들면, "사랑합니다."라는 댓글을 달아주기 바랍니다.

Q. 예수동행일기를 쓰면서 별로 변화가 없습니다. 오히려 짐으로 느껴집니다. 어떻게 하면 좋겠습니까?

A. 어떤 변화가 명확하게 나타나지 않는다고 해서 잘못 가고 있는 것은 아닙니다. 중요한 것은 '지금 가고 있는 그 길이 옳은 길인가?' 하는 것입니다. 주님과 친밀히 동행하는 삶은 정말 옳은 길입니다. 예수님이 나와 함께 계시다면 당연히 예수님과 동행하는 삶이 되어야 합니다. 그게 정말 옳은 길이라면 지금 뚜렷한 변화를 못 느끼고 조금은 짐처럼 느껴진다 하더라도 계속해야 할 가치가 충분한 것입니다. 격려와 힘을 얻어 꾸준히 예수동행일기를 써 나가기 바랍니다.

예수님과 행복한 동행

5주차 / Week 5

| Day 21 | 치열한 영적전쟁
| Day 22 | 하나님의 전신 갑주 입기 1
| Day 23 | 하나님의 전신 갑주 입기 2
| Day 24 | 말씀 안에서 주님 바라보기
| Day 25 | 말씀이 기준이 되는 삶

리딩 데이 | 나눔방 모임
예수동행일기 앱 설명 ⑤ | 예수동행일기 Q&A

동행일기 쓰기 **WRITING**　　동행일기 읽기 READING　　동행일기 나누기 SHARING

21일

치열한 영적전쟁

우리의 씨름은 혈과 육을 상대하는 것이 아니요 통치자들과 권세들과

이 어둠의 세상 주관자들과 하늘에 있는 악의 영들을 상대함이라 에베소서 6:12

성경공부나 제자훈련 등의 신앙훈련을 통하여 우리 믿음이 자라고 영적 유익을 얻지만 안타까운 것은 너무 쉽게 이전 상태로 돌아간다는 것입니다. 그 이유는 성경 지식이나 한 번의 영적 훈련으로는 일상 가운데 강하게 역사하는 세상의 영을 이기지 못하기 때문입니다.

그리스도인들이 변화된 삶을 살지 못하는 이유는 일상에서 하나님의 존재와 역사하심을 희미하게 알고 있기 때문입니다. 하나님을 바라보지도 않고 친밀히 동행하지도 못하기에 하나님의 은혜와 능력을 경험하지 못하고 살아갑니다.

또 다른 이유는 마귀에 대하여도 너무 희미하게 알고 있다는 것입니다. 하나님의 자녀들이 하나님을 바라보지 못하고 살아가도록 역사하는

146　　　　　　　　　　　　　　　　　　　　　예수동행일기

마귀의 존재와 역사를 제대로 알지 못하는 것입니다. 우리의 싸움은 혈과 육에 대한 것이 아니라 공중 권세 잡은 악한 영과의 싸움입니다. 우리는 마귀와 싸우며 살고 있음을 명심해야 합니다.

근신하라 깨어라 너희 대적 마귀가 우는 사자 같이 두루 다니며 삼킬 자를 찾나니

베드로전서 5:8

마귀의 목표는 우리의 마음입니다. 교묘하게 들어와 주인 노릇하며 그 자리를 빼앗기지 않으려 하고, 쫓겨난 후에도 다시 우리 마음에 들어오기 위해 호시탐탐 기회를 노립니다. 속이는 일에 명수입니다. 가장 큰 속임은 '너는 혼자다.'라는 생각을 갖게 하는 것입니다. 분명히 주님께서 함께하시는데도 내가 혼자라고 속이는 것입니다.

세상에서 성도들이 믿음을 지키며 살아갈 수 있는 길은 날마다 순간마다 주님을 바라보는 눈이 뜨이는 것밖에 없습니다. 집에서도, 직장에서도, 길을 가다가도 주님이 함께하신다는 사실을 잊지 말아야 합니다. 그래야 마귀를 이길 수 있습니다. 많은 성도가 받은 은혜를 사탄에게 도둑맞고 살아갑니다. 도둑맞고도 언제 도둑맞았는지도 모르는 것입니다.

그 중에 이 세상의 신이 믿지 아니하는 자들의 마음을 혼미하게 하여 그리스도의 영광의 복음의 광채가 비치지 못하게 함이니 그리스도는 하나님의 형상이니라

고린도후서 4:4

마귀는 영적인 어둠의 세상 주관자입니다. 마귀는 계속해서 사람들의

마음의 눈을 어둡게 합니다. 눈을 가리려고 합니다. 그러므로 시험을 만났을 때는 배후에 숨어서 역사하는 악의 영을 간파해야 합니다. 사탄의 목적은 우리를 혼미하게 하여서 예수님을 바라보지 못하게 하고, 우리에게 주신 그리스도의 복음의 영광의 광채를 비추지 못하게 하는 것입니다.

그렇다면 보이지도 않으면서 우리를 미혹케 하는 사탄을 어떻게 분별할 수 있습니까?

예수동행일기를 써보면 마귀의 실체를 볼 수 있게 됩니다. 마음의 상태를 점검해 보면, 언제 사탄이 들어왔고, 어떻게 역사하고 다녔는지를 볼 수 있게 됩니다. 섭섭한 마음, 참소하는 마음, 교만한 마음, 미움과 원망과 불평의 마음, 음란한 마음 등은 마음에서 일어나는 일입니다. 사탄이 이런 마음을 우리 안에 집어넣어 역사합니다. 내 생각과 의지인 것 같지만 찬찬히 점검해 보면, 사탄이 역사하는 것을 알게 됩니다.

사탄에게 승리하는 길은 은밀히 들어와 미혹하고 속이고 도둑질하는 사탄의 정체를 빨리 알아챌 수 있도록 내 안에 거하시는 주님을 온전히 바라보는 것입니다.

21일 동영상 강의
qrs.ly/unbqo4f
예수동행일기 쓰기 **www.jwj.kr**

묵상 질문

Q. 예수님과 동행하면서 받은 사탄의 공격과 이것을 이겨낸 경험을 적어보십시오.

WEEK 5

동행일기 쓰기 **WRITING**　　동행일기 읽기 READING　　동행일기 나누기 SHARING

 # 22일

하나님의 전신 갑주 입기 1

끝으로 너희가 주 안에서와 그 힘의 능력으로 강건하여지고 마귀의 간계를

능히 대적하기 위하여 하나님의 전신 갑주를 입으라 … 그러므로 하나님의 전신

갑주를 취하라 이는 악한 날에 너희가 능히 대적하고 모든 일을 행한 후에 서기

위함이라 에베소서 6:10-13

　하나님께서 우리에게 마귀의 시험과 공격을 이길 수 있도록 전신 갑주를 주셨습니다. 전신 갑주를 만들라 하지 않고, "전신 갑주를 입으라"고 말씀하십니다. 이미 우리에게 주셨기 때문에 우리는 전신 갑주를 입기만 하면 됩니다. 전신 갑주가 무엇입니까? 하나님의 전신 갑주는 진리의 허리띠, 의(義)의 호심경, 평안의 신발, 믿음의 방패, 구원의 투구, 성령의 검을 말합니다.

　진리이신 분이 누구입니까?

　의로우신 분이 누구입니까?

150　　　　　　　　　　　　　　　　　　예수동행일기

평강의 왕으로 오신 분이 누구입니까?

믿음의 처음이요 완성자이신 분이 누구입니까?

구원이 되신 분이 누구입니까?

성령의 검인 말씀으로 오신 분이 누구입니까?

'예수 그리스도!'이십니다.

한마디로 전신 갑주는 '예수 그리스도'이십니다.

히브리서 12:2은 이렇게 말씀하고 있습니다.

"믿음의 주요 또 온전하게 하시는 이인 예수를 바라보자"

'예수님을 바라보자'는 말씀은 다양한 삶의 영역에서 '전신 갑주를 입으라'는 표현입니다. 그러므로 '전신 갑주를 입으라'는 말은 곧 '예수 그리스도로 옷 입으라!'는 것입니다.

진리의 허리띠

진리의 허리띠를 따라는 것은 예수님을 믿을 때 체험이나 감정에 의지하지 말고 진리에 의하여 예수님을 믿으라는 말입니다. 체험이나 감정에 의지하는 사람은 마귀가 우는 사자처럼 삼킬 수 있지만, 진리로 무장한 성도는 어떻게 할 수 없습니다. 여기서 진리는 예수님을 가리킵니다.

예수께서 이르시되 내가 곧 길이요 진리요 생명이니 나로 말미암지 않고는

아버지께로 올 자가 없느니라 요한복음 14:6

죄를 지을 때 떠나시고, 선한 일을 할 때 임하시는 주님이 아닙니다.

하나님의 전신 갑주 입기 1

찬양할 때 임하시고, 찬양하지 않으면 떠나시는 분이 아닙니다.

내가 결코 너희를 버리지 아니하고 너희를 떠나지 아니하리라 히브리서 13:5

볼지어다 내가 세상 끝날까지 너희와 항상 함께 있으리라 마태복음 28:20

임마누엘이신 예수님, 그 이름의 뜻은 '하나님이 우리와 함께 계시다.' 입니다. 주님은 우리의 상태와 상관없이 언제나 함께 계십니다.

왜 우리가 죄에 빠지게 됩니까? 아무도 보지 않고 혼자 있다고 생각하기 때문입니다. 주님이 언제나 함께하신다는 진리를 붙잡지 않으므로 죄에 무너지는 것입니다. 명심할 것은 예수님을 영접한 후에 우리는 한 번도 혼자인 적이 없다는 사실입니다. 예수님을 바라만 보면 함께 계신 것이 분명하게 믿어지고, 주님께 시선을 고정시키면 죄에서 승리하게 됩니다. 사탄이 접근하지도 못하는 역사를 경험하게 될 것입니다.

하나님께로부터 난 자는 다 범죄하지 아니하는 줄을 우리가 아노라

하나님께로부터 나신 자가 그를 지키시매 악한 자가 그를 만지지도 못하느니라

요한일서 5:18

우리가 승리할 수 있는 오직 한 가지 비결은 모든 삶의 영역에서 주님을 바라보는 것입니다.

22일 동영상 강의
qrs.ly/xsbqo4j
예수동행일기 쓰기 www.jwj.kr

152   예수동행일기

묵상 질문

Q. 자신이 혼자라고 생각한 적이 있습니까? 혼자 있을 때 주님을 생각한 적이
   있습니까? 예수님이 '항상', '어디에나' 함께 계신다는 것을 믿고 살아갑니까?

하나님의 전신 갑주 입기 1

동행일기 쓰기 WRITING　　　동행일기 읽기 READING　　　동행일기 나누기 SHARING

 # 23일
하나님의 전신 갑주 입기 2

사탄과의 싸움에서 승리하는 길은 전신 갑주이신 예수님으로 옷 입고
24시간 예수님을 바라보는 것입니다.

의의 호심경

너희는 하나님으로부터 나서 그리스도 예수 안에 있고 예수는 하나님으로부터
나와서 우리에게 지혜와 의로움과 거룩함과 구원함이 되셨으니 고린도전도 1:30

너희는 너희가 하나님의 성전인 것과 하나님의 성령이 너희 안에 계시는 것을
알지 못하느냐 고린도전서 3:16

언제 의롭게 되고, 언제 거룩해집니까? 의로우시고 거룩하신 주님이
내 안에 임할 때 의롭고 거룩해집니다. 거룩한 성전이 됩니다. 그러면 언

제 거룩한 삶을 살 수 있습니까? 내 안에 내주하시는 주님을 바라볼 때입니다. 내 안에 거하시는 예수님을 바라보고 동행할 때 그분의 의로 살아갈 수 있는 것입니다. 예수님을 바라보는 자는 결코 마귀가 죄로 무너뜨릴 수 없습니다.

평안의 신발

평안의 복음이 준비한 신을 신는 것도 예수님을 바라보는 것입니다. 마음의 평안은 주 예수님이 함께하심이 믿어질 때 임하기 때문입니다.

> 평안을 너희에게 끼치노니 곧 나의 평안을 너희에게 주노라
>
> 내가 너희에게 주는 것은 세상이 주는 것 같지 아니하니라
>
> 너희는 마음에 근심하지도 말고 두려워하지도 말라 요한복음 14:27

믿음의 방패

마귀는 우리의 믿음을 빼앗으려고 역사합니다. 하나님을 의심하게 만드는 것입니다. 이러한 마귀의 공격을 막으려면 믿음의 방패를 들어야 합니다. 이 믿음은 하나님의 능력만이 아니라 하나님의 성품에 초점을 두어야 합니다.

하나님께서 능력을 나타내시는 것은 때에 따라 달라질 수 있지만, 하나님의 사랑과 신실하심은 어떤 형편에서도 변함없기 때문입니다. 욥이 바로 이 믿음의 방패를 들었던 사람입니다.

> 이르되 내가 모태에서 알몸으로 나왔사온즉 또한 알몸이 그리로 돌아가올지라

주신 이도 여호와시요 거두신 이도 여호와시오니 여호와의 이름이 찬송을

받으실지니이다 욥기 1:21

살아계신 하나님을 인격적으로 믿고, 하나님을 바라보는 것이 마귀의 불화살을 막아내는 믿음의 방패입니다.

구원의 투구

마귀는 계속해서 '너는 구원받은 것이 아니다. 하나님은 너를 사랑하시지 않는다. 너는 하나님의 자녀가 아니다.'라는 의심을 하게 만듭니다. 그래서 구원의 투구를 써야 합니다. 구원의 복을 믿음으로 취하여 생각이 완전히 바뀔 때, 구원의 투구를 썼다고 할 수 있습니다.

하나님 아는 것을 대적하여 높아진 것을 다 무너뜨리고 모든 생각을 사로잡아

그리스도에게 복종하게 하니 고린도후서 10:5

성령의 검

예수님이 광야에서 40일을 금식하신 후에 마귀의 시험을 받으셨을 때, 주님은 말씀으로 마귀를 대적하셨습니다. 우리도 이와 같이 말씀을 검처럼 사용해야 마귀를 이길 수 있습니다. 말씀이 무기가 되려면 순종을 통해서 말씀이 체험되어야 합니다. 말씀이 예수님께로 우리를 인도해 주기 때문입니다.

우리는 힘든 시대와 환경에서 신앙생활을 하고 있습니다. 이러한 우리에게 하나님은 마귀와 싸워 능히 이길 수 있도록 전신 갑주를 주셨습니

다. 전신 갑주는 곧 '예수 그리스도'입니다. 우리가 항상 예수 그리스도를 생각하고 주님을 바라보면 그것이 영적인 갑옷이 됩니다. 마귀가 우리를 어떻게 할 방법이 없습니다. 예수님을 항상 바라보는 것이 마귀와 싸워 승리하는 유일한 비결입니다. 주님이 우리를 온전히 인도하십니다.

23일 동영상 강의
qrs.ly/p6bqo4m
예수동행일기 쓰기 **www.jwj.kr**

묵상 질문

Q. 예수님을 바라보기 힘들 때가 언제입니까?(바로 그때가 예수님을 진짜 바라봐야
   할 때입니다.)

동행일기 쓰기 WRITING　　동행일기 읽기 READING　　동행일기 나누기 SHARING

WEEK 5

 # 24일

말씀 안에서 주님 바라보기

24시간 주님을 생각하고 바라보면 말씀 묵상의 깊이가 달라집니다. 말씀 묵상이 잘 이루어지면 주님을 바라보는 눈이 더욱 분명하게 뜨입니다.

성경에도 없는 예수동행일기를 왜 써야 하는지 묻는 분이 있었습니다. 성경에 하나님과 동행하는 일기가 있습니다. 시편이 대표적입니다.

예수동행일기는 결코 유행이 아닙니다. 예수동행일기는 주님과 친밀히 동행하는 삶을 매일 기록하는 것이기 때문입니다. 기도가 유행일 수 있습니까? 성경 읽기가 유행일 수 있습니까? 없습니다. 마찬가지로 주님과 친밀히 동행하는 것 또한 유행일 수 없습니다. 기도나 성경 읽기처럼 그리스도인의 삶의 기본이고 핵심이기 때문입니다.

주님을 인격적으로 만나고 친밀히 동행할 때, 신비주의에 빠지지 않는 길이 있습니다. 그것은 성경 말씀으로 주님과 동행하는 것입니다.

그는 진리의 영이라 세상은 능히 그를 받지 못하나니 이는 그를 보지도 못하고

말씀 안에서 주님 바라보기　　159

알지도 못함이라 그러나 너희는 그를 아나니 그는 너희와 함께 거하심이요 또

너희 속에 계시겠음이라 요한복음 14:17

예수께서 대답하여 이르시되 사람이 나를 사랑하면 내 말을 지키리니 내

아버지께서 그를 사랑하실 것이요 우리가 그에게 가서 거처를 그와 함께 하리라

요한복음 14:23

주님과 동행하면서 성경의 기준과 다른 체험을 하는 것은 아닌지 항상 점검해야 합니다. 신비주의냐, 아니냐를 결정하는 기준은 오직 성경입니다. 주 예수님이 우리 안에 거하시는 것은 곧 말씀이 우리 안에 거하는 것이라고 성경은 말씀합니다.

그리스도의 말씀이 너희 속에 풍성히 거하여 모든 지혜로 피차 가르치며

권면하고 시와 찬송과 신령한 노래를 부르며 감사하는 마음으로

하나님을 찬양하고 골로새서 3:16

마음에서 악한 생각을 밀어내고 사탄이 주는 생각을 막으려고 애쓰기보다는 성경 말씀을 읽고 묵상하고 암송하는 것이 마음을 지키는 데 훨씬 더 효과적입니다. 우리가 예수님을 볼 수는 없지만 성경 말씀은 읽고 들을 수 있습니다. 성경 말씀대로 주님을 체험하는 것이 신비한 일이지만 결코 신비주의는 아닙니다.

… 그들이 하나님께 열심이 있으나 올바른 지식을 따른 것이 아니니라 로마서 10:2

그러므로 예수동행일기를 쓸 때 성경 읽기와 Q.T를 절대 소홀히 해서는 안 됩니다. 예수동행일기와 Q.T는 서로를 대체하는 것이 아니라 상호 보완적인 것이기 때문입니다. 24시간 주님을 바라보면 말씀 묵상의 깊이가 달라집니다. 말씀 묵상의 깊이가 달라지면 주님을 바라보는 눈이 더욱 분명히 뜨이게 됩니다.

성경은 우리가 신비주의에 빠지는 것을 막아주는 동시에, 주님을 놀랍게 체험하는 눈을 열어줍니다. 말씀이 곧 주님이시기 때문입니다.

24일 동영상 강의
qrs.ly/2tbqo4n

예수동행일기 쓰기 **www.jwj.kr**

묵상 질문

Q. 말씀을 통해서 주님께 바라보고 마음을 지키 결단을 적어보십시오.

동행일기 쓰기 WRITING   동행일기 읽기 READING   동행일기 나누기 SHARING

25일
말씀이 기준이 되는 삶

성경 말씀은 살아 있는 인격체처럼 마음에 떠오르는 생각이 주님의 말씀인지, 마귀의 생각인지, 나의 생각인지 그 뿌리를 드러내어 분별하게 해줍니다.

> 하나님의 말씀은 살아 있고 활력이 있어 좌우에 날선 어떤 검보다도 예리하여
> 혼과 영과 및 관절과 골수를 찔러 쪼개기까지 하며 또 마음의 생각과 뜻을
> 판단하나니 지으신 것이 하나도 그 앞에 나타나지 않음이 없고 우리의 결산을
> 받으실 이의 눈 앞에 만물이 벌거벗은 것 같이 드러나느니라 히브리서 4:12-13

이 말씀은 우리가 성경을 읽을 때, 이것은 '내 생각이었구나!', '마귀가 주는 마음이었구나!', '주님의 뜻이었구나!'를 깨닫게 된다는 것입니다. 갈라디아서 5장 19-21절 말씀은 우리 안에 일어나는 생각들 중 육체에 속한 것이 무엇인지 선명하게 드러내 보여줍니다.

말씀이 기준이 되는 삶   163

육체의 일은 분명하니 곧 음행과 더러운 것과 호색과 우상 숭배와 주술과 원수

맺는 것과 분쟁과 시기와 분냄과 당 짓는 것과 분열함과 이단과 투기와 술 취함과

방탕함과 또 그와 같은 것들이라 전에 너희에게 경계한 것 같이 경계하노니 이런

일을 하는 자들은 하나님의 나라를 유업으로 받지 못할 것이요 갈라디아서 5:19-21

누구와 다툼이 생겼을 때에도 성경 말씀이 마음과 생각의 뿌리를 분별해줍니다.

악을 악으로, 욕을 욕으로 갚지 말고 도리어 복을 빌라 이를 위하여 너희가

부르심을 받았으니 이는 복을 이어받게 하려 하심이라 베드로전서 3:9

고난당할 때에도 말씀을 통하여 무엇이 주님의 뜻인지 분별해줍니다.

그러므로 하나님의 뜻대로 고난을 받는 자들은 또한 선을 행하는 가운데에

그 영혼을 미쁘신 창조주께 의탁할지어다 베드로전서 4:19

우리는 거짓말이 얼마나 무서운지 분명히 알지 못해 쉽게 거짓말을 합니다. 그러나 말씀은 거짓말이 가장 무서운 죄 중의 하나라는 것을 가르쳐줍니다.

너희는 너희 아비 마귀에게서 났으니 너희 아비의 욕심대로 너희도 행하고자

하느니라 그는 처음부터 살인한 자요 진리가 그 속에 없으므로 진리에 서지

못하고 거짓을 말할 때마다 제 것으로 말하나니 이는 그가 거짓말쟁이요

거짓의 아비가 되었음이라 **요한복음 8:44**

예수동행일기를 쓸 때, 반드시 성경 말씀을 통하여 깨우쳐 주신 말씀, Q.T를 통하여 주신 주님의 말씀을 기록해야 합니다. 말씀은 예수동행일기의 가장 중요한 부분입니다. Q.T는 그날 묵상한 성경 말씀을 통하여 주님의 음성을 듣고 자신의 삶에 적용하는 것이고, 예수동행일기는 아침에 눈을 뜰 때부터 잠자리에 들 때까지 모든 일정 속에서 주님을 바라보는 것입니다

예수동행일기는 Q.T를 포함하여 주님께서 여러 다양한 방법으로 은혜를 주시고 인도하심을 하루 종일 바라보는 것입니다. 그러므로 예수동행일기 안에 Q.T가 있다고 해야 할 것입니다.

예수동행일기의 또 다른 이름은 순종일기입니다. '말씀하시면 무조건 순종입니다!' 하는 자세로 성경을 읽고 꾸준히 예수동행일기에 기록하면 주 예수님과 동행하는 삶에 눈이 뜨이게 됩니다.

성경과 함께 24시간 주님과 동행하는 초점을 놓치지 마십시오.

25일 동영상 강의
qrs.ly/tcbqo4q
예수동행일기 쓰기 **www.jwj.kr**

O. 예수동행일기에 오늘 쓴 ㅗㄱ 내용을 점어보십시오.

녹상 질문

동행일기 쓰기 WRITING　　동행일기 읽기 READING　　동행일기 나누기 SHARING

리딩 데이

1. 믿음의 선진 일기

조지 뮬러(George Müller) 일기 – 1841. 5. 7.

내가 매일 해야 하는 일 중에 가장 주된 것은 주님과의 교제이다. 그런데 첫 번째 관심사는 '내가 얼마나 주님을 섬길 수 있느냐.'가 아니라 '나의 속사람이 어떻게 양육 받느냐.' 하는 것이다. 나는 회심하지 않은 자들과 함께 진리를 나눌 수 있을 것이며, 신자들을 권면할 수도 있을 것이다.

또한 낙심한 자들을 위로할 수도 있을 것이며 다른 방법을 통해 하나님의 자녀로서 행동하기를 추구할 수도 있을 것이다. 그러나 주님 안에서 행복하지 못하고 내 속사람이 날마다 양육되고 강건케 되지 못할 때 이러한 일들이 그릇된 정신(영혼) 가운데 이루어지는 결과가 초래될 것이다.

내가 해야 했던 가장 중요한 일은 하나님의 말씀을 읽고 그것을 묵상하는 것이었다. 그것은 그렇게 함으로써 내 마음이 위로받고 힘

리딩 데이　　　　　　　　　　　　　　　　　　　　　167

을 얻으며, 경고를 받고, 경책을 받으며 가르침을 받기 위함이다.

이전에 나는 아침에 일어났을 때 가능한 한 빨리 기도하기를 시작했었다. 그러나 때로 흔들리는 마음을 억누르고 기도하기 위해서 15분에서 1시간 정도를 무릎을 꿇은 채 애를 쓰며 보내곤 했다.

그러나 이제는 이러한 문제 때문에 골치를 앓는 일이 거의 없다. 내 마음이 말씀의 진리로 양육 받게 되면서 하나님과 참된 교제를 갖기 때문이다. 나는 나의 아버지이자 친구 되시는 -내게는 그럴 만한 가치가 없지만- 하나님께, 그분의 귀중한 말씀 안에서 내 앞에 두신 일들에 관해서 말씀드리고 있다.[7]

2. 성도의 예수동행일기

아버지, 어제부터 Q.T 말씀을 보면서 자꾸 여호수아의 마음이 들어옵니다. 모세의 뒤를 이어 여호수아가 하나님의 일을 맡을 때 받았을 그 무거운 마음이.

"오직 강하고 극히 담대하여 나의 종 모세가 네게 명령한 그 율법을 다 지켜 행하고 우로나 좌로나 치우치지 말라 그리하면 어디로 가든지 형통하리니 이 율법책을 네 입에서 떠나지 말게 하며 주야로 그것을 묵상하여 그 안에 기록된 대로 다 지켜 행하라 그리하면 네 길이 평탄하게 될 것이며 네가 형통하리라 내가 네게 명령한 것이 아니냐 강하고 담대하라 두려워하지 말며 놀라지 말라 네가 어디로 가든지 네 하나님 여호와가 너와 함께 하느니라 하시니라"(여호수아 1:7-9)

이제 시작된 속회 방학이 8월에 끝나게 되면 싱글 지역 지역장으로 부르셔서 8월부터 새로운 직분을 감당해야 하는데 날짜가 다가오자 그동안 애써 외면하고 있었던 일들이 더 이상 피할 수 없는 현실임을 느끼면서 자꾸 중압감이 듭니다.

주님보다 섬겨야 할 일들이 머릿속에 그려지고 당장 올 연말에 출산할 나의 상황과 앞으로 두 아이들과 함께 어떻게 감당할 수 있을지, 게다가 사탄이 자꾸 심어주는 두려운 생각들이 나를 눌러서 말씀과 주님을 바라보며 대적합니다. 주님, 제게 새로운 은혜를 부어주소서. 과거의 경험이 족쇄가 되지 않게 하시고 오직 새롭게 신실하게 역사하시고 앞서 풀어주시는 일들을 경험케 하소서. 그래서 먼저 받은 은혜와 기쁨을 전하는 축복의 통로가 되게 하옵소서.

처음 지역장 직분에 대해 권면 받았을 때 나의 상황과 마음에는 안 될 이유들이 너무 많았습니다. 그런데 말씀으로 순종하도록 동여매시고 안 될 만한 모든 상황의 약함을 주님의 영광으로 삼으시기 원하셔서 내 안의 모든 연약한 이유를 드리기로 했습니다.

그렇게 결단하고 지내왔는데 당장 코앞으로 다가오니 또 사탄이 공격을 합니다. 내 안의 두려움과 염려를 기쁨과 감사와 평안으로 바꾸실 분은 오직 한 분뿐이십니다. 그러니 제게 주님의 은혜를 베풀어주소서. 강하고 담대하게 하셔서 음부의 권세가 이기지 못하게 나를 주님의 반석 위에 세워주소서. 하나님이 저와 함께하실 것을 믿습니다. 예수님의 이름으로 기도드립니다. 아멘.

3. 주님과 동행한 순간 찾기

일주일간 쓴 자신의 일기를 다시 읽으며 예수님과 동행했던 순간을 찾아 적어
보십시오.

| 첫 번째 일기 | 년   월   일

제 목 :

| 두 번째 일기 | 년   월   일

제 목 :

4. 감사 제목 찾기

일주일간 쓴 자신의 일기를 다시 읽으며 예수님께서 주신 은혜에 대한 감사를 적어보십시오.

1)

2)

3)

4)

5)

6)

7)

8)

9)

10)

동행일기 쓰기 WRITING   동행일기 읽기 READING   **동행일기 나누기 SHARING**

나눔방 모임

1. 마음 열기

예수동행일기 쓰기의 모델이라고 생각하는 사람이 있습니까? 왜 그렇게 생각하는지 나누십시오.

2. 예수동행 점검

[프랭크 루박의 1분 게임]

주님을 생각하기 위해 1분에 한 번씩 주님의 이름을 불러보는 훈련입니다. 이 훈련을 통하여 깨어 있는 매시간 주님과 동행하는 법을 깨닫게 됩니다. 프랭크 루박은 이 훈련을 영적인 관점에서 질서 있고 올바르게 우리의 삶을 훈련하는 방법으로 소개했습니다.

> **1분 게임 점수 카드**
>
> 지난 1시간 동안 나는 총 —————— 분 동안 주님을 생각하였다.

이 게임에서 이긴다는 것의 의미는 기도함, 하나님을 생각함, 찬양을 흥얼거리거나 노래함, 하나님에 대해 이야기하거나 글로 적음, 하나님의 임재를 의식하면서 일함, 하나님께 조용히 속삭임, 하나님을 바라봄, 하나님 나라를 위해 계획을 세우거나 일함 등입니다.[8]

3. 주제 나눔

1) 예수동행일기를 쓰면서 마귀의 유혹이나 시험을 이겼던 경험이 있습니까?

2) 예수동행일기를 쓰며 말씀 안에서 깨달아지는 주님의 뜻에 어떻게 반응하고
   있습니까?

예 수 동 행 일 기 앱 설 명 ⑤

우리 교회만의 공동체가 가능한가요?

예수동행일기에서의 '공동체'란, 교회나 선교단체 등에서 자체적으로 회원과 나눔방을 운영할 수 있는 단위를 말합니다.

이 영상에서는 우리 교회, 단체만의 공동체를 만드는 방법, 이미 만들어진 우리 교회, 단체의 공동체에 가입하는 방법을 안내합니다. 우리 교회, 단체의 상황에 맞게 나눔방을 만들고 운영해보세요.

예수동행일기 Q&A

Q. 눈앞에 보이는 문제가 더 클 때, 어떻게 이겨낼 수 있습니까?

A. 주님을 바라보고 동행하는 과정 속에서 이런 일들을 겪으면, 주님을 바라보는 것을 놓쳐버리는 일을 누구나 다 겪습니다. 중요한 것은 이런 일을 겪게 될 때, 그런 사실을 정직하게 일기에 쓰는 것입니다. 그러면 어려운 순간이 다시 왔을 때, 먼저 주님이 의식됩니다. 이전처럼 허둥지둥하지 않게 되고 '아! 예전에도 이런 일이 있었었지.' 하고 기억하게 됩니다. 그러면서 상황이 어떻든 간에 주님을 의식하면서 반응해 나가는 모습으로 바뀌게 되는 것입니다.

Q. 예수동행일기를 쓰고 주님을 분명히 의식하면서도 끊고 싶은 유혹에서 헤어 나올 수 없는 것은 왜 그렇습니까? 주님을 바라봄으로 죄를 이기고 싶습니다.

A. 이유는 하나입니다. 주님이 마치 옆에 있는 사람처럼 의식이 안 되는 상태이기 때문입니다. 사람이 보고 있으면 은밀한 죄를 지을 수가 없습니다. 사람이 안 보이는 곳에서 은밀한 죄를 짓게 되는 것입니다.

열쇠는 예수님이 옆에 있는 사람처럼 의식이 되는가 하는 것입니다. 우리의 목표는 예수님이 사람보다 더 분명한 분으로 느껴지게 되는 것입니다. 예수님을 계속 바라보는 일을 꾸준히 해나갈 때 우리는 주님을 온전히 의식하게 됩니다.

그 과정에 나눔방이 필요합니다. 꾸준히 일기를 쓰기 위해 '내가 이런 행동을 하면 안 되겠구나.' 하는 결단의 단계를 지나면서 어느 순간 사람보다 주님을 더 의식하게 되는 것입니다. 그러면 아무 상관없이 정말 은밀한 중에 은혜의 시간을 갖게 됩니다.

예수님과 행복한 동행

6주차 / Week 6

| Day 26 | 질그릇에 보배를 담은 존재
| Day 27 | 주님과 친밀함을 연습하기
| Day 28 | 실패할 때가 주님을 바라볼 때
| Day 29 | 죄와 실패를 이기게 하는 능력
| Day 30 | 주님과의 친밀함은 약속된 은혜

리딩 데이 | 나눔방 모임
예수동행일기 앱 설명 ⑥ | 예수동행일기 Q&A

동행일기 쓰기 **WRITING**　　　동행일기 읽기 READING　　　동행일기 나누기 SHARING

26일

질그릇에 보배를 담은 존재

매일 일기를 쓰면서 예수님과 동행하기를 힘쓰면 변화가 일어납니다. 가장 큰 변화 중 하나는 열등감에서 벗어난다는 것입니다. 많은 그리스도인이 자신에 대해 좌절하고 낙망합니다.

'나는 왜 이럴까?', '나는 왜 이 모양일까?' 사실은 좌절할 이유가 없습니다. 성경에서 우리가 질그릇이라고 말씀했기 때문입니다.

> 우리가 이 보배를 질그릇에 가졌으니 이는 심히 큰 능력은 하나님께 있고
> 우리에게 있지 아니함을 알게 하려 함이라 **고린도후서 4:7**

문제는 우리가 질그릇이기 때문이 아니라, 보배이신 주 예수님이 마음에 임하셨음을 모르는 것입니다. 그리스도인은 '질그릇에 보배를 담은 존재'입니다. 보배를 질그릇에 둘 사람은 아무도 없습니다. 그런데 하나님은 그렇게 하셨습니다.

주님은 우리가 올바르고 깨끗한 사람이 된 다음에 우리 안에 임하신 것이 아닙니다. 질그릇 같은 우리 안에 임하셨습니다. 기절할 정도로 놀라운 사실입니다. 이것이 바로 복음입니다. 보배이신 주님이 우리 안에 임하셨는데 우리가 질그릇 같다고 좌절할 필요가 있습니까?

복음의 비밀은 "우리 안에 계신 그리스도"(골로새서 1:27)입니다.

누가복음 7장에서 한 여인이 예수님께 향유 옥합을 깨뜨려 붓는 장면이 나옵니다. 이 여인은 평판이 좋지 않았습니다. 그런데 예수님은 그녀를 맞아주셨습니다. 그 여인은 질그릇이었지만 보배이신 주님이 함께하심으로 삶이 완전히 바뀌었습니다. 예수님은 그 여인에게 '복음이 전해지는 곳마다 여인이 행한 일도 전해지리라.'고 말씀하셨습니다. 이것이 모든 그리스도인에게 일어난 은혜의 사건입니다.

예수동행일기는 우리 안에 거하시는 보배이신 주 예수님을 주목하게 해줍니다. 만약 자신에게 실망하고 좌절감에 빠져있다면 예수동행일기를 쓰면서 주님 바라보기를 시작하기 바랍니다.

많은 그리스도인이 자신이 변화될 것을 믿지 못합니다. 가족이 변화될 것을 믿지 못합니다. 교회가 변화될 것을 믿지 못합니다. 그 이유는 사람을 변화시키시는 주 예수님의 함께하심이 믿어지지 않기 때문입니다.

주님이 믿어지면 어떤 사람도 변화될 수 있다고 믿어집니다. 오히려 예수님 때문에 감탄하며 살게 됩니다. 자신이 질그릇 같다고 좌절하지 말아야 합니다. 주님은 우리를 금그릇이 되라고 하지 않으셨습니다. 오직 보배이신 그리스도를 담은 질그릇이 되라고 하셨습니다.

질그릇에 보배를 담은 존재

우리는 그저 질그릇으로 살면 됩니다. 질그릇 같아서 더욱 주님만 바라보게 되었다면 오히려 기뻐할 일입니다.

26일 동영상 강의
qrs.ly/srbqo4s
예수동행일기 쓰기 **www.jwj.kr**

묵상 질문

Q. 질그릇 같은 나에게 보배이신 예수님께서 해주신 일을 적어보십시오.

질그릇에 보배를 담은 존재

동행일기 쓰기 WRITING 　　동행일기 읽기 READING 　　동행일기 나누기 SHARING

27일
주님과 친밀함을 연습하기

우리가 주님과 친밀히 동행하는 것은 예수 그리스도의 십자가 공로로 이미 보장된 은혜입니다. 그러나 어느 순간 갑자기 예수님과 친밀해지기를 막연히 기다려서는 안 됩니다. 그렇게 기다리기만 하면 기다리다가 인생이 끝납니다. 항상 주님을 바라보며 믿음으로 한 걸음 한 걸음 나아가는 일이 반드시 필요합니다.

예수동행일기는 24시간 주님을 바라보는 삶을 살기 위해 쓰는 것입니다. 힘들고 어려울수록 우리가 해야 할 것은 주 예수님을 바라보는 것입니다.

어떤 일이든 오래 하면 실력이 쌓이고 전문가가 됩니다. 악기를 연주할 줄 모르는 사람에게 당장 악기를 연주하라면 할 수 있습니까? 영어를 못하는 사람에게 지금 통역을 맡기면 할 수 있습니까? 일 년, 이 년, 삼 년, 계속해야 잘하게 될 것입니다. 그 과정이 지루하고 답답할 수 있고, 좌절감을 느낄 때도 있을 것입니다.

182　　　　　　　　　　　　　　　　　　　　　　　　예수동행일기

그러나 분명한 것은 일 년이 지난 다음과 십 년이 지난 다음은 완전히 다를 것입니다. 중단하지 않고 계속했다면 말입니다.

우리는 주님과 친밀히 동행하는 전문가가 되어야 합니다. 한번 생각해 보십시오. 여러분 주위에 주 예수님과 인격적이고 친밀한 관계를 누리는 사람이 있습니까? 그런 사람이 있다면 아무리 멀리 있어도 찾아가서 그와 교제하고 싶을 것입니다.

우리가 쓴 일기 속에 우리의 미래 설계도가 있습니다. 주님은 지금부터 죽을 때까지 동시에 우리의 모습을 다 보시기 때문입니다. 이것을 안다면 주님을 바라보지 않을 사람은 없을 것입니다.

주님과 연합한 자로 사는 것이 온전한 그리스도인의 삶입니다. 주님이 겪으신 일을 함께 겪고, 주님의 마음으로 사람을 만나고, 주님의 마음으로 사랑하고, 주님이 주시는 말씀을 전하며 주님과 동행하는 것입니다. 모든 상황이 주님을 더 깊이 경험하는 순간이 될 것입니다. 더 이상 열등감에 사로잡혀 시기와 질투로 좌절하는 삶을 살지 않게 됩니다. 연약함을 오히려 자랑하게 될 것입니다. 이것이 진정한 기적입니다.

보배이신 주님께서 함께하심을 믿을 때 이러한 기적이 일어납니다. 그러므로 "믿음의 주요 온전하게 하시는 예수를 바라보자"라는 말씀을 붙잡고 매일 예수동행일기를 쓰면서 주님과 친밀히 동행해야 합니다.

27일 동영상 강의
qrs.ly/7ybqo4u

예수동행일기 쓰기 **www.jwj.kr**

묵상 질문

Q. 아침에 일어날 때부터 잠들 때까지 예수님을 바라보고 묵상하는 하루를 보내십시오. 주님을 더 친밀히 느끼게 되었습니까? 그 경험을 적어보십시오.

동행일기 쓰기 **WRITING**　　　동행일기 읽기 **READING**　　　동행일기 나누기 **SHARING**

28일
실패할 때가 주님을 바라볼 때

예수동행일기를 쓸 때, 누구나 위기와 좌절을 겪게 됩니다. 예수동행일기 쓰는 것을 시작하는 것도 힘든 사람이 있습니다. 어떤 사람은 처음 쓸 때는 마음과 생활에 상당한 변화가 일어나지만, 어느 정도 시간이 지나면 흥분이 식고 영적 진보가 더뎌지고 다시 삶이 무너지기도 합니다.

그러나 명심할 것은 실패와 위기는 반드시 극복할 수 있고, 큰 유익이 있다는 것입니다. 친밀함은 항상 좋은 일로만 형성되는 것은 아닙니다. 지루한 기간을 보내기도 하고 때로는 실패와 위기를 겪으면서 친밀함이 더 깊어집니다. 아브라함도 야곱도 요셉도 모세도 다윗도 이런 실패와 위기를 겪으면서 친밀히 하나님과 동행했습니다.

실패를 경험하고 위기를 극복한 사람이 다른 사람들을 잘 도울 수 있습니다. 실패를 많이 겪어본 사람이 좋은 코치가 될 수 있는 것입니다. 프랭크 루박 선교사에게서 받은 도움이 있습니다. '좌절 후에 반드시 결실이 있다'고 믿게 된 것입니다. '결국 된다!'는 확신입니다.

실패할 때가 주님 바라볼 때　　　185

실패의 이유 1 - 율법주의자처럼 일기만 쓰기 때문입니다.

예수동행일기는 주님과 친밀하게 동행하려고 쓰는 것입니다. 그런데 율법주의자처럼 열심히 일기만 쓰면 실제로 주님과 동행함을 경험하지 못합니다. 중요한 것은 우리가 실패했을 때, 반드시 다시 일어날 수 있음을 믿고 다시 시작하는 것입니다. 이것이 진정으로 예수님께서 우리에게 원하시는 것입니다.

반대로 마귀는 '포기해!', '안 되잖아.', '주님을 바라볼 수 없어.'라는 낙심하는 마음을 심어줍니다. 이것을 잘 분별할 수 있어야 합니다.

베드로는 예수님을 세 번이나 부인한 실패자 중의 실패자였지만 오히려 위대한 사도가 되었습니다. 예수님께서 베드로가 돌이켜 다시 사도로 쓰임 받도록 기도하셨기 때문입니다.

> 시몬아, 시몬아, 보라 사탄이 너희를 밀 까부르듯 하려고 요구하였으나 그러나
> 내가 너를 위하여 네 믿음이 떨어지지 않기를 기도하였노니 너는 돌이킨 후에 네
> 형제를 굳게 하라 누가복음 22:31-32

예수님께서 베드로에게 하신 것처럼 우리에게도 동일하게 하신다는 것을 믿고, 실패했을 때 예수님을 더 의지하고 바라보아야 합니다.

28일 동영상 강의
qrs.ly/y2bqo4w
예수동행일기 쓰기 www.jwj.kr

묵상 질문

Q. 좌절과 실패의 경험을 돌아보고, 주님을 바라보는 결단을 적어보십시오.

실패할 때가 주님 바라볼 때

 # 29일

죄와 실패를 이기게 하는 능력

실패의 이유 2 – 예수동행일기의 유익을 제대로 깨닫지 못했기 때문입니다.

너희가 육신대로 살면 반드시 죽을 것이로되 영으로써 몸의 행실을 죽이면

살리니 로마서 8:13

예수동행일기를 쓸 때, 가장 큰 유익은 육신을 따라 살지 않게 되는 것입니다. 이것이야 말로 너무나 놀랍고 충격적인 사실입니다. 그런데 이 것을 작게 여기고 기적 같은 감동적인 일이 계속 일어나기를 바라는 사 람은 실망할 수 있습니다.

"별일이 없어요. 그래서 쓸 게 없어요!" 이것이 사실이라면 엄청난 일 이 일어난 것입니다. 마귀가 우는 사자같이 덤비는데, 아무 일 없이 하루 가 지났다면, 얼마나 놀랍고 감사한 하루입니까?

돌아온 탕자가 받은 복은 무엇입니까? 그렇게 떠나고 싶었던 아버지

집에서 다시 살게 된 것입니다. 그것이 구원이고 복입니다.

예수동행일기를 쓰는 것 때문에 유기성 목사는 지독한 사람이라고 말하는 분들이 있습니다. 그렇지 않습니다. 육신과 죄, 세상이 삼키려고 덤벼드는 상황에서 주 예수님을 따라 살겠다는 것이 어떻게 지독할 수 있겠습니까?

예수님을 진정 왕으로 모시고 살며, 주님과 정말 친밀히 동행하기를 갈망하는 사람에게 예수동행일기는 너무나 쉬운 일입니다. 금식을 하라. 독신으로 살라. 더 어려운 것도 하라면 할 텐데 말입니다.

거울이 있으면 자연스럽게 자신의 얼굴을 들여다봅니다. 그렇게 하니까 우리가 돌아다니며 사람들을 만날 수 있는 것입니다. 아침에 일어나서 한 번도 거울을 안 본 사람은 어떤 모습이겠습니까? 일주일 동안 한 번도 거울을 안 본 사람은 어떤 모습이겠습니까? 한 달 동안 한 번도 거울을 안 본 사람은 어떤 모습이겠습니까?

예수동행일기도 마찬가지입니다. 매일 주님 앞에서 자신의 마음과 생각, 말과 행동, 삶을 점검하는 사람과 그렇지 않은 사람의 사는 모습이 같겠습니까? 그렇게 일 년, 이 년이 지나면 얼마나 큰 차이가 나겠습니까?

실패했던 일을 일기로 쓰면 다음에 똑같은 문제를 만날 때 다르게 반응할 수 있습니다. 기록하는 일이 주는 영향은 정말 놀랍습니다. 매일 일기를 쓰면, 자신도 모르게 마귀가 넣어주는 생각, 감정, 어리석은 미혹, 죄로 기울어진 일들을 깨닫게 됩니다. 그래서 다시 주님 앞으로 돌아서게 됩니다.

극적이거나 놀라운 변화가 아닌 것 같지만 나이가 들수록 추해지는 현실에서 현재 상태를 잘 유지하는 것만으로도 얼마나 놀라운 일인지

모릅니다.

'예수동행일기를 써도 어쩔 수 없다.'고 생각하는 것은 정확한 판단이 아닙니다. 기대치가 높아서 어지간한 변화는 마음에 차지 않을 뿐입니다. 우리는 자신이 얼마나 변했는지 스스로 깨닫지 못할 때가 많습니다. 하지만 예수동행일기를 쓰다가 중단해 보면 그동안 자신이 영적으로 얼마나 변화되었는지 알게 됩니다.

29일 동영상 강의
qrs.ly/nabqo50

예수동행일기 쓰기 **www.jwj.kr**

묵상 질문

Q. 지금 나에게 끊지 못하는 습관적인 죄가 있다면 주님께 고백하고, 끊어주실
것을 의지하는 믿음의 고백을 적어보십시오.

동행일기 쓰기 **WRITING**   동행일기 읽기 READING   동행일기 나누기 SHARING

30일
주님과 친밀함은 약속된 은혜

실패의 이유 3 – 친밀함을 이루어주시는 주님의 약속을 믿지 못하기 때문입니다.

대부분의 그리스도인이 거룩하게 살게 될 것을 믿지 않고, 거룩하게 살기 위해 노력하기 때문에 실패합니다. 이 차이를 분명히 알아야 합니다. 우리는 노력해서 거룩해지지 않습니다. 우리를 거룩하게 하실 분은 오직 예수님이십니다. 우리가 할 일은 예수님께서 우리를 거룩하게 하실 것을 믿는 것뿐입니다.

평강의 하나님이 친히 너희를 온전히 거룩하게 하시고 또 너희의 온 영과 혼과
몸이 우리 주 예수 그리스도께서 강림하실 때에 흠 없게 보전되기를 원하노라
너희를 부르시는 이는 미쁘시니 그가 또한 이루시리라 데살로니가전서 5:23-24

하나님께서는 우리가 예수님을 믿을 때, 친밀함과 거룩함을 완전히 이루십니다. 죄 사함 받았고 의롭게 되었으며 하나님과 화평하게 되었습니다.

이미 다 이루어진 일입니다. "다 이루었다!" 이것이 놀라운 복음입니다.

예수동행일기를 쓰면서 주님과 친밀하려고 애쓰다가 실패하고 좌절에 빠졌을 때, 주님이 '넌 왜 그 모양이냐, 넌 안 되겠다!' 하시겠습니까? 아니면 웃으면서 기뻐하시겠습니까? 여전히 기뻐 웃으면서 지켜보실 것이 분명합니다.

마치 걸음마를 배우는 아기가 뒤뚱뒤뚱 걷다가 넘어진 것을 보는 부모 마음과 같을 것입니다. '얜 안 되나 봐요!', '넌 차라리 기어 다녀라.'라고 말하는 엄마는 없습니다. 앞으로 이 아이가 힘차게 걸어갈 날들을 생각하면서 오히려 기뻐할 것입니다. 아이도 걸으려고 하다가 넘어졌을 때, '난 안 되나 봐!' 하는 아이는 없습니다.

어느 수도사는 아기가 3,000번은 넘어지고 나서야 겨우 걷는 법을 배운다고 했습니다. 우리는 이미 3,000번 넘어졌다가 일어난 사람인 것을 알아야 합니다.

우리의 문제는 예수동행일기를 제대로 못 쓰는 것이 아니라, 주님을 온전히 믿지 못해서 주님을 바라보며 주님과 동행하는 일을 중단하는 것입니다. 어린아이가 뒤뚱뒤뚱 걷는 것은 문제가 아닙니다. 잘 안 된다고 걷기를 포기하면 심각한 문제가 일어나는 것과 같습니다. 주님과 친밀히 동행하는 것은 우리 노력에 달린 것이 아닙니다. 주님이 해주십니다.

… 우리가 구하거나 생각하는 모든 것에 더 넘치도록 능히 하실 이에게

에베소서 3:20

그렇습니다. 주님이 우리를 도우시고 친히 이루십니다.

주님과 친밀함은 약속된 은혜

너희 안에서 착한 일을 시작하신 이가 그리스도 예수의 날까지 이루실 줄을

우리는 확신하노라 빌립보서 1:6

장애물은 우리가 진정 주님과 동행하려는 것인지에 대한 우리의 갈망을 증명할 기회이고, 실패는 우리가 더 이상 실패하지 않도록 우리를 돕는 훈련의 과정일 뿐입니다. 주님은 실패를 더 크게 쓰십니다. 베드로가 그 증거입니다. 베드로를 일으키신 주님이 우리 안에 오셨고, 우리와 24시간 동행하십니다. 우리에게 이 확신이 있어야 합니다. 예수님 안에서 이미 승리는 보장되었습니다. "정말입니까? 믿어도 됩니까?" 네. 확실합니다.

예수님께서 이미 우리 안에 임하셨다는 사실보다 더 확실한 보증이 어디 있겠습니까?

30일 동영상 강의
qrs.ly/arbqo53

예수동행일기 쓰기 www.jwj.kr

묵상 질문

Q. 주님의 약속을 의지함으로 승리한 경험이 있으면 적어보십시오.

주님과 친밀함은 약속된 은혜

동행일기 쓰기 WRITING　　동행일기 읽기 READING　　동행일기 나누기 SHARING

리딩 데이

1. 믿음의 선진 일기

프랭크 루박 일기 – 1930. 5. 24.

<하나님을 향한 죽은 영혼들의 눈빛>

이번 주는 정말 놀라운 한 주였습니다. 나의 집 뒤에 있는 시그널 언덕을 올라갔습니다. 언덕을 올라가 꼭대기에 머물면서, 그리고 다시 언덕을 내려오면서 내내 하나님과 이야기하고 그분 음성에 귀를 기울였습니다. 그러자 하나님이 응답하셨습니다! 혀의 긴장이 풀리면서 입에서 자연스럽게 아름다운 시가 흘러나왔습니다. 그전에 지었던 어떤 시보다 더 아름다운 시였습니다. 나는 기쁨과 감사로 충만하여 내 입에서 흘러나오는 시를 경탄하며 들었습니다. …

어떤 사람은 이렇게 물을 것입니다.

"어차피 기억 못하고 사람들에게 전달하지도 못할 텐데, 왜 하나님께서 그런 시를 쓸데없이 당신에게만 주셨을까요?"

그것은 하나님께 여쭤보아야 합니다. 내가 아는 것은 그저 하나님

196　　　　　　　　　　　　　　　　　　　　　예수동행일기

께서 그 일을 하셨고, 나는 그 일을 떠올리면 행복하다는 사실입니다. 나는 아래 있는 논을 바라보며 이렇게 큰소리로 말했습니다.

"어린아이는 벼처럼 매일 햇빛을 받아야 한다. 일주일에 한 번이나 하루에 한 시간만 햇빛을 받으면 자랄 수 없다. 마찬가지로 너에게도 매일, 하루 종일 내가 필요하다. 세상 사람들은 좀처럼 하나님을 향해 마음을 열지 않기 때문에 그렇게 시들시들한 것이다. 깨어 있는 순간만으로는 부족하다."

… 나는 하나님을 발견하는 것이 지속적인 과정이라는 것을 알았습니다. 매일매일 하나님의 새로운 면과 그분의 역사하심을 새롭게 알게 됩니다. 어떤 사람이 친구들과 함께 지내면서 친구들에 대해 새로운 발견을 하게 되는 것처럼, 끊임없이 하나님을 생각한다면 하나님의 '개성'을 발견하게 될 것입니다.

내가 이번 주에 알게 된 것은 하나님이 아름다운 것을 사랑하신다는 점입니다. 그분이 만드신 모든 것이 사랑스럽습니다. 구름, 흐르는 강, 호수, 높이 날아오르는 독수리, 연한 풀잎, 바람의 속삭임, 훨훨 나는 나비… 이 모두가 하나님의 놀라운 솜씨입니다!

내가 하루 종일 하나님께 문을 열어놓으면, 그분이 나의 생각을 온통 아름답게 하실 것입니다. 내가 이 마음의 창들을 한쪽으로 던져놓고 '하나님, 이제 무엇을 생각할까요?'라고 말한다면 그분은 언제나 우아하고 부드러운 꿈속에서 응답하실 것입니다.

또한 나는 하나님이 사랑에 굶주리셨다는 것을 알고 있습니다. 왜냐하면 그분은 항상 한 번도 다가가본 적이 없는 우둔하고 죽은 영혼을 가리키시며, 둔감하고 완고하게 닫힌 마음에 다가가도록 도와

리딩 데이

달라고 나에게 촉구하십니다.

오, 하나님, 저는 이 모로족들과 함께 주님을 도와드리고 싶습니다. 또한 이 미국인들과 함께! 이 필리핀인들과 함께! 온종일 나는 하나님을 향해 죽은 영혼들이 굶주린 눈으로 슬프게 바라보는 것을 봅니다. 내가 발견한 것을 그들에게 알리고 싶습니다!

어떤 순간도 행복할 수 있고, 어떤 장소도 천국이 될 수 있습니다. 어느 누구나 하나님을 소유할 수 있습니다. 모든 사람은 하나님께 이야기하는 순간, 또는 하나님의 말씀을 듣는 순간 하나님을 소유하는 것입니다.

나 자신을 분석해보겠습니다. 주님을 매 순간 내 마음속에 모시기 위해 지난 두 달 동안 애써서 노력한 결과 몇 가지 일이 일어났음을 발견하게 됩니다. 하나님께만 생각을 집중하는 이 일은 매우 힘이 듭니다. 그러나 그로 인해 다른 모든 일은 힘이 들지 않게 되었습니다. 나의 생각은 더 명확하게 되었고, 하나님을 잊는 일도 덜해졌습니다. 전에는 힘을 들여야 할 수 있던 일이 이제는 별다른 노력을 하지 않고도 쉽게 이루어집니다. 나는 아무것도 염려하지 않게 되었고 잠도 설치지 않게 되었습니다. 또 대부분의 시간을 즐거운 기분으로 지내게 되었습니다. 심지어 거울을 보면 내 눈과 얼굴에서 새로운 빛이 도는 것 같습니다.

모든 것이 순조롭게 돌아가고 있습니다. 매 순간 나는 그것을 별로 중요하지 않은 것처럼 가볍게 맞이합니다. 단 한 가지를 제외하고 모든 것이 순조롭습니다. 그 단 한 가지란 내가 주의를 게을리하면 하나님께서 내 생각 속에서 빠져나가신다는 것입니다. 내게 하나님이

계시면 우주가 있는 것입니다. 그러므로 내가 해야 할 일은 단순하고
분명합니다.

그리고 나는 세상이 반응하는 방식을 봅니다. 라나오와 모로족을
예로 들면, 그들의 반응은 나를 끊임없이 놀라게 합니다. 나는 그들
을 위해 기도하고, 그들 사이에서 하나님을 생각하며 걷는 것밖에 하
는 일이 없습니다. 그들은 내가 개신교도라는 것을 압니다. 그러나
지도자 격인 이슬람교 제사장 두 명이 지역을 돌면서 모든 사람들에
게 내가 하나님을 알도록 도와줄 것이라고 말했습니다.[9]

2. 성도의 예수동행일기

선교지에서 선교사로 살아가던 저를 하나님은 원하지 않은 때에
한국으로 인도하셨습니다. 이집트에서 한국으로 돌아올 때 제 자신
에게는 '실패자'라는 이름을 새겼고, 다른 사람들의 생각을 스스로
짐작하여 한국으로 돌아가는 저를 부끄럽게 여겼습니다. 이런 마음
의 상태에는 예수님이 계실 수 없었습니다.

그때 "예수를 바라보자"라는 메시지는 제게 빛과 같았습니다. 그
렇게 조금씩 예수님을 바라보기 시작할 때, '아, 내가 이제 영으로 숨
을 쉬는구나.' 하는 생각이 들었습니다. "예수를 바라보자"라는 메
시지를 시작으로 2월부터 시편 말씀을 적으며 예수동행일기를 쓰고
있습니다. 하나님이 저를 위해 준비하신 가장 좋은 것은 나는 죽고
예수님으로 사는 저의 삶에 실재하는 십자가였습니다.

리딩 데이　　　　　　　　　　　　　　　　　　　　　199

2011년 태국으로 떠나기 전날 디사이플스 예배의 자리에서, 내일이면 태국으로 떠나야 하는데 제 안에 예수님의 사랑이 느껴지지 않아 아버지 앞에 울부짖을 때 제게 들려주셨던 찬양이 있습니다. '모든 능력과 모든 권세'라는 찬양이었습니다.

태국으로 떠나던 날에는 선교지로 나간다는 기쁨만 있었지, 제게 주셨던 찬양도 그래서 제가 죽어야 함도 기억하지 못했습니다. 지금 제 안에는 '실패자'도, 어떤 부끄러움도 없습니다. 오직 나는 죽고 제 삶의 주인이신 예수님만이 계십니다.

열린 문이 아닌 하나님께서 열어주시는 문으로 저는 다시금 나아갈 것입니다. 그리고 제가 어느 곳에 가든지 예수동행일기는 평생 함께하게 될 것이며, 어떠한 순간에도 예수님만을 바라볼 것입니다.

"나는 그리스도와 함께 십자가에 못 박혔습니다. 이제 살고 있는 것은 내가 아닙니다. 그리스도께서 내 안에서 살고 계십니다. 내가 지금 육신 안에서 살고 있는 삶은, 나를 사랑하셔서 나를 위하여 자기 몸을 내어주신 하나님의 아들을 믿는 믿음 안에서 살아가는 것입니다"(갈라디아서 2:20, 새번역).

"선교사가 죽지 않으면 선교는 선교사의 직업일 뿐입니다." 하나님께서는 가장 선하신 방법으로 제게 가장 좋을 것을 주셨습니다.

3. 주님과 동행한 순간 찾기

일주일간 쓴 자신의 일기를 다시 읽으며 예수님과 동행했던 순간을 찾아 적어
보십시오.

| 첫 번째 일기 |　　　　　　　　　　　　　　　　　　　　년　　월　　일

제 목 :

| 두 번째 일기 |　　　　　　　　　　　　　　　　　　　　년　　월　　일

제 목 :

4. 감사 제목 찾기

일주일간 쓴 자신의 일기를 다시 읽으며 예수님께서 주신 은혜에 대한 감사를 적어보십시오.

1)

2)

3)

4)

5)

6)

7)

8)

9)

10)

동행일기 쓰기 WRITING　　동행일기 읽기 READING　　**동행일기 나누기 SHARING**

\# WEEK 6

나눔방 모임

1. 마음 열기

아침에 일어나면 가장 먼저 생각하는 것이 무엇인지 나누십시오.

2. 예수동행 점검

지난 6주간 함께한 나눔방 지체들을 생각하며 감사편지를 쓰고 감사의 마음을
함께 나누십시오.

1) 나눔방 방장을 향한 마음과 하나님이 주신 마음

나눔방 모임　　　　　　　　　　　　　　　　　　　　　　　203

2) 나눔방 방원들을 향한 마음과 하나님이 주신 마음

3. 주제 나눔

1) 예수동행일기를 쓰면서 질그릇 같은 내 안에 계신 보배이신 예수님으로 인해 힘을 얻은 경험이 있다면 구체적으로 적어보십시오.

2) 예수동행일기를 쓰면서 포기하고 싶은 생각을 할 때는 언제입니까? 각자 예수동행일기를 쓰면서 경험했던 실패와 위기를 극복했던 경험을 나누십시오.

4. 간증문 쓰기

나눔방별 모임에서 간증을 나누십시오.

1) 예수동행일기 제자훈련에 참여하게 된 동기는 무엇입니까?

2) 강의를 통해 받은 은혜는 무엇입니까?

3) 예수동행일기 훈련 과정을 통해 얻은 영적 유익은 무엇입니까?

4) 예수동행일기를 쓰고 난 후 삶의 변화가 있다면 구체적으로 무엇입니까?

5) 앞으로 주님과 동행하는 삶을 향한 결단을 적어보십시오.

예수동행일기 ⑨ 영성 훈련

예수동행일기 효과적으로 활용하기

이 영상에서는 예수동행일기에 있는 다양한 기능을 소개하고 있습니다. 일상을 경건하게 동행일기 쓰는 방법을 알려줄 수도 있고, 나타난 영성 문제를 가이드를 만들어 나아가게 됩니다. 또한 다른 분들의 일기를 볼 수 있는 동행일기 과정 등을 통해 자세하고 예수님과 동행하는 경건함을 종합할 수 있습니다. 그 외에도 예수동행일기 안에는 많은 기능이 담겨 있습니다. 동지지 말고 확인해보세요.

주

1. 프랭크 루박, 《프랭크 루박의 편지》(생명의말씀사, 2014).
2. 프랭크 루박, 《프랭크 루박의 편지》(생명의말씀사, 2014).
3. 조나단 에드워즈, 《데이비드 브레이너드 생애와 일기》(크리스천다이제스트, 2009).
4. 로렌스 형제, 《하나님 임재연습》(규장, 2008).
5. 조나단 에드워즈, 《데이비드 브레이너드 생애와 일기》(크리스천다이제스트, 2009).
6. 프랭크 루박, 《프랭크 루박의 편지》(생명의말씀사, 2014).
7. 조지 뮬러, 《주님과 조지 뮬러의 동행일지》(생명의말씀사, 2009).
8. 프랭크 루박, 《프랭크 루박의 1분 게임》(더드림, 2015).
9. 프랭크 루박, 《프랭크 루박의 편지》(생명의말씀사, 2014).

**이 도서에 인용한 글은 저작권자인 규장, 생명의말씀사,
(주)현대지성의 허락을 받아 사용했음을 알려드립니다.

예수동행일기

초판 1쇄 발행 2020년 9월 11일
초판 21쇄 발행 2024년 11월 8일

지은이 유기성

기획·편집 김순덕 유지영
디자인 브릿지제이

펴낸곳 도서출판 위드지저스
등록번호 제251-2021-000163호
주 소 경기도 성남시 분당구 하오개로344번길 2, 2층(운중동)
전자우편 wjp@wjm.kr | 디자인 bridgej824@gmail.com
전 화 031-759-8308 | 팩 스 031-759-8309

Copyright ⓒ 유기성, 2020, Printed in Korea

ISBN 979-11-968130-9-3 03230

이 출판물은 저작권법에 의해 보호를 받는 저작물이므로
무단 전재와 무단 복제를 금합니다.

*잘못된 책은 바꿔드립니다.
*책값은 뒤표지에 있습니다.